Who Am I

나는 누구인가
쉽게 읽는 한글판 자랑스런
나의 뿌리

풍양 조씨 이야기
豊壤趙氏

머리말

《 풍양(豐壤)조(趙)씨 이야기 》

우리 한민족(韓民族)은 세계 어느 나라 어느 민족(民族)과도 비교되는 남다름을 담고 있는 민족이니, 그것은 유구한 역사와 시간 속에서도 한결같이 이어져온 하나의 혈맥(血脈)에서 나오는 자기 정체성과 일체감이 아닐까 합니다.

우리들이 더욱 화목(和睦)하고 단합(團合)하여 국가(國家)와 민족(民族)에 봉사하는 것이야말로 우리들이 이《풍양 조씨 이야기》를 발간하는 참뜻이라 할 것입니다.

그런 의미에서 본 서책은 풍양 조씨에 관해 체계적으로 정리 한 것으로 족인의식(族人意識)을 자각하고 일족(一族)의 친목(親睦)을 도모하며 조상(祖上)의 뛰어난 행적을 널리 알리고자 하는 목적으로 시대적 요구에 부응하는 가장 적합한 서책이라 할 것입니다.

조상의 행적의 공(功)과 덕(德)이 많음에도 알지 못하면 부지(不知)의 소치이며, 그 공덕(功德)을 알면서도 전(傳)하지 아니하면 불인(不仁)의 소치라 하였습니다.

급변하는 세상을 하루하루 바쁘게 살아오는 동안 오늘날 우리는 너나 할 것 없이 부지불인(不知不仁)을 면하지 못하고 있음을 생각하며 늘 안타까운 마음을 갖고 있던 차에 이렇게 우리의 역사를 성씨별로 읽기 쉽게 정리한 보첩이 발간되어 세상에 나오니 반가운 마음을 금할 수 없습니다.

특히 요즈음 자라나는 새 세대들은 세계사(世界史)나 외국

머리말

위인(偉人)에 대해서는 잘 알면서도 자기(自己)의 가계(家系)나 조상(祖上)들이 이루어 놓은 유사(遺事)에 관하여는 소홀히 하는 경향이 있는데, 이러한 시대적 상황에 처하여 온고지신(溫故知新)의 윤리도덕(倫理道德)으로 새로운 미풍양속(美風良俗)을 승화 발전시켜야 할 책무(責務)가 우리 세대에 요청받고 있으니, 다음 젊은 세대(世代)에게 올바른 윤리도덕(倫理道德)과 씨족(氏族)의 중요성을 일깨워야할 소명(召命)이며 의무(義務)가 아닐 수 없겠습니다.

지금까지의 대부분의 문중 사료와 보첩들은 우리 후손들에게는 너무 어려워서 가까이 하지 못한 점이 늘 안타까웠기에 본 《 풍양 조씨 이야기 》는 남녀노소 모두에게 이해하기 수월하게 구성하여 묶어 내었습니다.

이로써 생활 속에서 보다 가깝고 친근하게 조상(祖上)과 뿌리를 알게 하고 기본적인 예절을 알게 되는 계기가 될 것이라 기대합니다.

그동안 이 보첩의 발간을 위하여 지원하고 노력하여주신 여러분들에게 진심으로 감사를 드리며, 우리민족의 위대한 발전과 도약을 기원합니다.

2014. 9. 25.
성씨이야기편찬실

|차 례|

□ 머리말 / 3
□ 차 례 / 5
□ 일러두기 / 7

[卷之上]

■ 풍양조씨(豊壤趙氏)

연원과 씨족사(淵源과 氏族史) ················· 14
   시조 및 본관의 유래(始祖 및 本貫의 由來) ············ 14
   본관지 연혁(本貫地 沿革) ····················· 15
   씨족사 개요(氏族史 槪要) ···················· 20
   분파(分派)와 파조(派祖) ····················· 23
세계와 행렬(世系와 行列) ·················· 27
   세계도 ··································· 27
   항렬표(行列表) ···························· 29
역대 주요 인물(歷代 主要 人物) ·············· 30

■ 보학(譜學)

1. 성씨(姓氏) ····························· 143
   성씨란 무엇인가 ··························· 143
   우리나라 성씨의 특성 ······················ 144
   우리나라 성씨의 변천사 ···················· 145
   외국의 성씨 ······························ 156
   본관이란 ································· 157
   본관 현황 ································ 158
   성씨와 본관 ······························ 160
     동족동본의 동성 · 160 / 이족동본의 동성 · 160 /
     동족이본의 동성 · 160 / 이족이본의 동성 · 161 /
     동족의 동본이성 · 161 / 이족의 동본이성 · 161

차 례

2. 족보(族譜) ·········· 162
- 족보의 의의 ·········· 162
- 족보의 역사 ·········· 163
- 족보의 유래와 변천사 ·········· 165
  족보의 유래·165 / 중국의 최초의 족보·166 /
  우리나라 최초의 족보·166 / 족보의 변천사·167
- 족보의 종류 ·········· 169
  대동보·170 / 파보·171 / 세보·171 / 가승보·172 /
  계보·172 / 만성보·172 / 팔고조도·173
- 족보의 구성 ·········· 174
- 족보 보는 법 ·········· 179
- 항 렬 ·········· 181
  항렬이란·181 / 일반적인 항렬법·181
- 알아두어야 할 족보 용어 ·········· 183
- 유적의 명칭 ·········· 193

3. 계촌(計寸) ·········· 197
- 가족의 범위 ·········· 197
- 기본 계촌법 ·········· 198
- 친척관계를 지칭하는 용어 ·········· 203
- 호칭법 ·········· 205
- 생활 호칭 예절 ·········· 210
- 쉽게 배우는 호칭표 ·········· 213

일러두기

1. 이 책은 전통적인 족보(族譜)와 보첩(譜帖)의 체제에서 벗어나 선조(先祖)들의 구체적인 행적(行蹟)에 대해 일반인들과 젊은 세대(世代)가 쉽게 보고 이해할 수 있도록 하는 것에 주된 방향을 맞추어 편찬하였습니다. 때문에 어려운 한문체(漢文體)의 내용이나 중복되는 내용이 많은 것은 배제하였습니다.

2. 본 보첩(譜諜) 편찬의 근본정신은 오랜 역사를 거쳐 오면서 유실된 사료(史料)와 각 씨족별로 나타나는 복잡하고 많은 이설(異說) 등의 다양한 견해(見解)를 모두 반영하기 보다는 자라나는 어린 후손들에게 보다 쉽고 친근하게 선조의 씨족사를 이야기하고 선조의 발자취를 보여줌으로써 자긍심을 키우고 미래를 밝혀줄 바른 정신을 전하고자 하는데 있음을 밝혀둡니다.

3. 본 서(書)는 각 성씨별, 관향별 종친회(宗親會)와 그 외 각 지파(支派)에서 발간해온 보첩과 자료를 주로 참고하였으며, 일반 서적과 사전류에 수록된 내용들도 발췌 정리하여 엮음으로써 가능한 한 많은 내용을 담도록 노력하였습니다.

4. 수록된 관향의 순서는 가나다순(順)으로 하였으나 편집의 편의상 선후가 바뀔 수도 있음에 양해를 구하며, 인물의 경우 계대를 따르는 것을 원칙으로 하였으나 여의치 않을 경우 대략적인 활동 연대순을 따랐습니다.

5. 각 본관별(本貫別) 내용 구성은 먼저 주요 선조의 유적 유물 사진을 수록하고, 연원(淵源)과 씨족사(氏族史), 세계(世系)과 행렬(行列) 등을 한눈에 이해하기 쉽게 정리하고, 그리고 역대 주요 명현(名賢)의 생애와 업적을 이해하기 쉬운 약전(略傳) 형식으로 수록하였습니다.

6. 수록한 내용과 인물들은 삼국유사 《三國遺事》, 삼국사기 《三國史記》, 고려사 《高麗史》, 조선왕조실록 《朝鮮王朝實錄》, 고려공신전 《高麗功臣傳》, 국조방목 《國朝榜目》 등의 일반 사료(史料)의 기록을 기반으로 하여 각 성씨별 문중(門中)에서 발행한의 보첩에 나타나 있는 명현(名賢)을 망라하였으나 자료의 미비로 부득이 누락된 분들은 다음 기회에 보완 개정하고자 합니다.

풍양조씨

豊壤趙氏

풍양조씨(豊壤趙氏)

풍양조씨(豊壤趙氏)

풍양조씨의 시조는 한양부 풍양현 사람인 조맹(趙孟)이다.

통일신라 말엽, 풍양현의 독정이(獨井里)의 암굴에서 농사 지으며 학문과 정신수양에 정진하던 은자 '바위' 라는 사람이 살고 있었다. 후삼국 통일 전쟁으로 지친 왕건이 풍양 땅에 이르러 몸소 바위 도인을 찾아가 조언을 구하고 장군으로 삼으니 그때 바위 도인의 나이가 70세였으나 남정에 나서 여러 차례 공을 세웠다. 이후 고려가 통일을 완수하고 개국하자 통합삼한벽상개국공신(統合三韓壁上開國功臣)에 책록(策錄)되고 상주국삼중대광문하시중평장사(上柱國三重大匡門下侍中平章事)에 이르렀으며 '맹(孟)' 이라는 이름을 하사받았다.

시조 조맹(趙孟)의 묘소. (경기도 남양주시 진건면)

풍양조씨(豐壤趙氏)

견성암(見性庵). 시조 조맹이 수도하던 곳. (경기도 남양주시 진건면 송릉1리)

동강공(東岡公) 조상우(趙相愚)의 신도비. (경기도 남양주시 진건면)

풍양조씨(豊壤趙氏)

동곡서원(東谷書院) 상절사(尙節祠). 조신(趙愼)의 충절을 기리기 위해 세운 서원.
(충남 부여군 세도면 동사리)

조익(趙翼) 선생의 묘소. (충남 예산군 신양면)

풍양조씨(豊壤趙氏)

오작당(悟昨堂). 검간(黔澗) 조정(趙靖) 선생의 종가. 지방문화재 민속자료 제32호.
(경북 상주시 낙동면 승곡리)

석곡 조박, 성강 조견소, 퇴수재 조성복을 기리고 있는 서원. 문화재자료 제91호.
(충남 부여군 임천면 만사리)

풍양조씨(豊壤趙氏)

연원과 씨족사(淵源과 氏族史)

시조 및 본관의 유래(始祖 및 本貫의 由來)

풍양조씨(豊壤趙氏)의 시조(始祖)는 한양부(漢陽府) 풍양현(豊壤縣) 사람인 조맹(趙孟)이다. 통일신라 말엽, 풍양현(豊壤縣)의 '독정이(獨井里)'라는 마을 암굴에서 농사를 생업으로 하며 학문과 정신수양에 정진하던 은자 '바위'라는 사람이 살고 있었다. 당시는 국운이 다한 신라와 망국 백제의 재건을 위해 일어난 견훤의 후백제와 고구려의 회복을 내건 궁예의 태봉의 대립한 후삼국의 혼란기였는데, 태봉의 궁예가 실정으로 민심을 잃으니 그의 막하장이였던 왕건이 궁예를 몰아내고 통일 고려를 수립하기 위한 전쟁이 치열하였다.

어느 날 왕건 태조가 신라를 정벌하다가 영해지방의 전투에서 크게 패하고 철수하던 중 풍양 땅에 이르게 되었는데, 휘하의 여러 장수들이 "상황이 어려우니 이 곳 풍양땅에 사는 '바위' 도인을 찾아가 왕업을 이룰 계책을 상의함이 좋겠다."고 건의하였다. 이에 태조 왕건이 몸소 바위 도인을 찾아가 제우(際遇)하고 장군으로 삼으니 그때가 바위 도인의 나이가 70세였으나 남정에 나서 여러 차례 공을 세웠다. 이후 고려가 통일을 완수하고 개국하자 통합삼한벽상개국공신(統合三韓壁上開國功臣)에 책록(策錄)되고 상주국삼광문하시중평장사(上柱國三匡門

下侍中平章事)에 이르렀으며 '맹(孟)'이라는 이름을 하사(下賜)받았다. 세상을 떠나자 생전에 살던 독정이 마을 서남쪽 고개 넘어 약 5리 정도 떨어진 천마산지맥에 묻혔다.

관향지인 풍양현(豊壤縣)은 대략 지금의 경기도 남양주시의 진건면(眞乾面)과 진접면(榛接面) 일대에 해당하는 지역으로 알려져 있다. 시조(始祖) 시중공은 현 남양주시 진건면 송릉(松陵) 1리에서 태어나 노년까지 거주한 것으로 되어있고, 묘소는 세보(世譜)에 풍양(豊壤) 적성동(赤城洞)으로 기재되어 있는데, 현재 이름으로는 송릉 2리이며 산하(山下)에 '적성골'이라는 동네 이름이 남아 있다.

본관지 연혁(本貫地 沿革)

풍양(豊壤)은 경기도 양주(楊州)의 옛 지명으로 원래 백제와 고구려에 속했을 때는 골의노현(骨衣奴縣)이라 불렸는데, 757년(신라 경덕왕 16)에 황양(荒壤)으로 고쳐 한양군(漢陽郡)의 영현이 되었다. 940년(고려 태조 23)에 풍양으로 고쳐 양주에 속하였다. 1018년(현종 9) 포주(抱州 : 抱川)에 이속되었다. 1427년(세종 9)에 다시 양주에 속하게 되었다. 1980년에 양주군으로부터 신설된 남양주군에 편입되었다. 1995년 미금시와 남양주군이 통합하여 남양주시가 되었다.

세종실록지리지(世宗實錄地理志) : 양주 도호부(楊州都護府)
본래 고구려의 남평양성(南平壤城)인데,【또는 북한산(北漢山)이라 한다.】 백제 근초고왕(近肖古王)이 취하여, 그 25년 신미에 남한산(南漢山)으로부터 도읍을 옮기어 1백 5년을 지나, 개로왕(蓋鹵王) 20년 을묘에【곧 송나라 폐제(廢帝) 원휘(元徽) 3년.】 고구려 장수왕(長壽王)이 와서 한성(漢城)을 에워싸니, 개로왕이 달아나다가 고구려 군사에게 살해되매, 이 해에 그 아들 문주왕(文周王)이 도읍을 웅진(熊津)으로 옮기었다. 그 뒤 79년, 신라 진흥왕(眞興王) 13년 계유에 〈신라가〉 백제의 동북쪽 변방을 취하고, 15년 을해에 왕(王)이 북한산성(北漢山城)에 이르러 국경[封疆]을 정하였으며, 17년 정축에【곧 진(陳)나라 고조(高祖) 영정(永貞) 원년.】 북한산주(北漢山州)를 두었고, 경덕왕(景德王) 14년 병신에 한양군(漢陽郡)으로 고쳤다. 고려가 양주(楊州)로 고치어, 성종(成宗) 14년 을미에 12주(州)의 절도사(節度使)를 두었는데, 양주 좌신책군(楊州左神策軍)이라 하여, 해주 우신책군 절도사(海州右神策軍節度使)와 더불어 이보(二輔)를 삼았다. 현종(顯宗) 3년 임자에 이보(二輔)와 십이절도사(十二節度使)를 폐하여 안무사(安撫使)로 고치고, 9년 무오에 지양주사(知楊州事)로 강등시켰다가, 숙종(肅宗) 9년 갑신에【곧 송나라 휘종(徽宗) 숭녕(崇寧) 3년.】 남경 유수관(南京留守官)으로 승격시켰으며, 충렬왕(忠烈王) 34년 무신에 【곧 원나라 무종(武宗) 지대(至大) 원년.】 한양부(漢陽府)로 고쳤다. 본조(本朝) 태조(太祖) 3년 갑술에 도읍을 한양에 정하고 부치(府治)를 동촌(東村) 한골[大洞里]에 옮겨, 다시 지양주사(知楊州事)로 강등시켰다가, 4년 을해에 부(府)로 승격시켜 부사(府使)를 두었고, 정축에 또 부치(府治)를 견주(見州) 옛터로 옮겼으며, 태종(太宗) 13년 계사에 예(例)에 의하여 도호부(都護府)로 하였다.

속현(屬縣)이 3이다. 견주(見州)는 본래 고구려의 매초현(買肖縣)인데, 신라가 내소군(來蘇郡)으로 고쳤고, 고려에서 견주(見州)로 고치어, 현종(顯宗) 무오에 양주(楊州) 임내(任內)에 붙였다가,

뒤에 감무(監務)를 두었다. 【별호(別號)는 창화(昌化)이니, 순화(淳化) 때에 정한 것이다. 】 사천현(沙川縣)은 본래 고구려의 내을매현(內乙買縣)인데, 신라가 지금의 이름으로 고쳐서 견성군(堅城郡)의 영현(領縣)을 삼았으며, 고려 현종(顯宗) 무오에 양주(楊州) 임내(任內)에 붙였다. 농양현(農壤縣)은 본래 고구려의 골의노현(骨衣奴縣)인데, 신라가 황양(荒壤)으로 고쳐서 한양군(漢陽郡)의 영현(領縣)을 삼았고, 고려에서 풍양현(豊壤縣)으로 고쳐, 현종(顯宗) 무오에 양주(楊州) 임내(任內)에 붙였다가, 뒤에 포주(抱州)에 옮겨 붙였으며, 금상(今上) 원년(元年) 기해에 다시 본부(本府)에 붙였다.

삼각산(三角山) 【부(府) 남쪽에 있다. 일명(一名)은 화산(華山)이니, 3봉우리가 우뚝 빼어나서 높이 하늘에 들어가 있다. 】 오봉산(五峯山) 【부(府) 남쪽에 있다. 】 천보산(天寶山) 【부(府) 동쪽에 있다. 】 소요산(逍遙山) 【부(府) 북쪽에 있다. 】 양진(楊津) 【부(府) 남쪽에 있으니, 곧 한강[漢水]의 남쪽이다. 단(壇)을 쌓고 용왕(龍王)에게 제사지내는데, 봄, 가을의 가운뎃달[仲月]에 나라에서 향(香), 축(祝)을 내리어 제사지낸다. 신라 때에는 북독 한산하(北瀆漢山河)라 칭하고 중사(中祀)에 올렸으나, 지금은 소사(小祀)에 실려 있다. 】 사방 경계는 동쪽으로 포천에 이르기 18리, 서쪽으로 원평(原平)에 이르기 22리, 남쪽으로 광주에 이르기 47리, 북쪽으로 적성(積城)에 이르기 83리이다.

건원릉(健元陵)은 우리 태조 강헌 지인 계운 성문 신무 대왕(太祖康獻至仁啓運聖文神武大王)을 장사지냈다. 【부(府) 남쪽 검암산(儉岩山)의 기슭에 있으니, 자룡[坎山]에 계좌 정향(癸坐丁向)이다. 능 남쪽에 신도비(神道碑)가 있고, 능지기[陵直], 권무(權務) 2인과 수호군(守護軍) 1백 호(戶)를 두고, 매호(每戶)마다 밭 2결(結)을 주었으며, 동리에 재궁(齋宮)을 짓고 개경사(開慶寺)라 하여 선종

풍양조씨(豐壤趙氏)

(禪宗)에 붙이고, 밭 4백 결을 주었다. 】 낙천정(樂天亭) 【부(府) 남쪽 황대산(皇臺山) 언덕에 있으니, 남쪽으로 한강에 임하였다. 우리 태종(太宗)이 거둥하여 계시던 곳이다. 】 풍양 이궁(豐壤離宮) 【부(府) 동남쪽에 있으니, 곧 풍양현(豐壤縣)의 옛터이며, 또한 태종이 거둥하여 계시던 곳이다. 】

호수(戶數)가 1천 4백 81호, 인구가 2천 7백 26명이요, 군정(軍丁)은 시위군(侍衛軍)이 1백 33명, 선군(船軍)이 1백 32명이다. 본부(本府)의 토성(土姓)이 4이니, 한(韓), 조(趙), 민(閔), 신(申)이요, 내성(來姓)이 5이니, 함(咸) 【양근(楊根)에서 왔다. 】, 박(朴) 【춘천(春川)에서 왔다. 】, 홍(洪) 【남양(南陽)에서 왔다. 】, 최(崔) 【수원(水原)에서 왔다. 】, 부(夫) 【과천(果川)에서 왔다. 】 요, 망성(亡姓)이 2이니, 정(鄭), 예(艾)이다. 견주(見州)의 토성(土姓)이 7이니, 이(李), 김(金), 송(宋), 신(申), 백(白), 윤(尹), 피(皮)요, 사천현(沙川縣)의 토성(土姓)이 1이니, 경(耿)이며, 망성(亡姓)이 4이니, 이(李), 임(任), 송(宋), 허(許)이다. 풍양(豐壤縣)의 토성(土姓)이 1이니, 조(趙)요, 망성(亡姓)이 4이니, 이(李), 강(姜), 윤(尹), 유(劉)이다. 인물(人物)은 중추원 사(中樞院使) 한산군(漢山君) 충정공(忠靖公) 조인옥(趙仁沃)이다. 【본조(本朝)의 개국 공신(開國功臣)으로 태조 묘정(太祖廟庭)에 배향되었다. 】

땅이 기름지고, 간전(墾田)이 1만 5천 1백 90결(結)이다. 【논이 10분의 3이 좀 넘는다. 】 토의(土宜)는 오곡(五穀)과 조, 메밀, 뽕나무요, 토공(土貢)은 느타리[眞茸]와 지초(芝草)이며, 토산(土産)은 송이[松茸]와 잣[松子]이다. 자기소(磁器所)가 1이요, 【부 북쪽 사천현(沙川縣) 한탄리[大灘里]에 있으니, 하품(下品)이다. 】 도기소(陶器所)가 2이니, 하나는 부(府) 북쪽 소요산(逍遙山) 아래에 있고, 【중품이다. 】 하나는 부(府) 동쪽 도혈리(陶穴里)에 있다. 【하품이다. 】

역(驛)이 6이니, 청파(靑坡), 노원(蘆原), 영서(迎曙), 평구(平丘), 구곡(仇谷), 쌍수(雙樹)요, 목장(牧場)이 2이니, 하나는 살고지들[箭串坪]이요,【부(府) 남쪽에 있으니, 동서가 7리요, 남북이 15리이다. 나라의 말을 놓아 먹인다.】둘째는 녹양벌[綠楊坪]이다.【부(府) 남쪽에 있으니, 동서가 5리요, 남북이 12리이다. 중군(中軍)과 좌군(左軍)의 말을 함께 놓아 먹인다.】봉화(烽火)가 2곳이니, 대이산(大伊山)과【부(府) 동남쪽에 있으니, 북쪽으로 포천(抱川) 잉읍점(仍邑岾)에 응하고, 남쪽으로 가구산(加仇山)에 응한다.】가구산(加仇山)이다.【부(府) 남쪽에 있으니, 북쪽으로 대이산(大伊山)에 응하고, 서쪽으로 서울 목멱산에 응한다.】회암사(檜巖寺)【천보산(天寶山) 아래에 있다. 불전(佛殿)과 승료(僧寮)가 수백 기둥이 되며, 승도(僧徒)들이 가리어 대가람(大迦藍)을 삼았다. 선종(禪宗)에 붙이고 밭 5백 결(結)을 주었다. 절에다 서번(西蕃)의 지공 화상(指空和尙)의 부도(浮屠)를 안치(安置)하였고, 비(碑)가 있다.】소요사(逍遙寺)【소요산(逍遙山) 허리에 있다. 태종(太宗) 3년 임오에 태조(太祖)가 절 남쪽 행전(行殿)에 머물러, 여러 달을 두고 절의 온갖 그림을 새롭게 하였으며, 금상(今上) 6년 갑진에 태조(太祖)의 원당(願堂)으로 하여 교종(敎宗)에 붙이고, 밭 1백 50결(結)을 주었다.】진관사(眞觀寺)【삼각산(三角山) 서남쪽에 있다. 나라에서 수륙재(水陸祭)를 지내며, 선종(禪宗)에 붙이고 밭 2백 50결(結)을 주었다.】승가사(僧伽寺)【삼각산(三角山) 남쪽에 있다. 선종(禪宗)에 붙이고 밭 1백 45결(結)을 주었다.】중흥사(重興寺)【삼각산(三角山) 아래에 있다. 선종(禪宗)에 붙이고 밭 2백 결(結)을 주었다.】
관할[所領]은 도호부(都護府)가 1이니, 원평(原平)이요, 현(縣)이 6이니, 고양(高陽), 교하(交河), 임진(臨津), 적성(積城), 포천(抱川), 가평(加平)이다.

풍양조씨(豊壤趙氏)

씨족사 개요(氏族史 槪要)

가문을 빛낸 대표적인 인물로는 조운흘(趙云仡)이 고려 공민왕(恭愍王) 때 문과(文科)에 급제하고 동지밀직사사(同知密直司事)를 거쳐 계림부윤(鷄林府尹) 등을 지냈고 조선(朝鮮)이 개국한 후 강릉 부사(江陵府使)로 선정(善政)을 베풀었다.

부총관(副摠管)을 지낸 조익정(趙益貞)은 공조좌랑(工曹佐郞) 조안평(趙安平)의 손자로 벼슬은 한성부 좌윤(漢城府左尹)을 거쳐 공조(工曹)와 이조의(吏曹) 참판(參判)을 지냈으며, 조지진(趙之縉)의 아들 조현범(趙賢範)은 동지중추부사(同知中樞府事)로 성절사(聖節使)가 되어 명(明)나라에 다녀왔다.

중종조에 사섬시 정(司贍寺正)을 지낸 조종경(趙宗敬)과 명종조에 부총관(副摠管)을 역임하고 좌찬성(左贊成)에 추증된 조안국(趙安國)은 훈련대장(訓練大將) 조경(趙儆)과 함께 풍양조문을 중흥시켰다.

조경(趙儆)은 임진왜란 때 경상우도 방어사(慶尙右道防禦使)가 되어 추풍령(秋風嶺) 싸움에서 패하고 금산(錦山)에서 왜군을 격퇴시켜 1599년(선조 32) 회령 부사(會寧府使)에 올라 선무삼등공신(宣武三等功臣)으로 풍양군(豊壤君)에 봉(封)해졌다.

풍양조씨를 명문(名門)의 세도가문(勢道家門)으로 일으키는데 주춧돌이 된 인물들을 파별(派別)로 보면 청교파(靑橋派: 회양공파의 후손)에서 조상우(趙相愚), 조문명(趙文命), 조현명(趙顯命), 조재호(趙載浩) 등의 정승(政丞)과 조원명(趙遠命), 조시준

(趙時俊), 조정진(趙鼎鎭), 조홍진(趙弘鎭), 조상진(趙尙鎭), 조병필(趙秉弼), 조병창(趙秉昌) 등의 판서급(判書級) 인물들이 배출되었다.

평장공파(平章公派)에서는 조선 중기 성리학(性理學)의 대가(大家)인 조익(趙翼)이 효종조에 좌의정(左議政)에 올랐으며, 그의 아들 조복양(趙復陽)은 현종조에 이조 판서(吏曹判書)를 거쳐 대제학(大提學)에 이르렀다. 조복양(趙復陽)의 아들 조지겸(趙持謙)은 숙종조에 부제학(副提學)을 지냈고, 형조 판서(刑曹判書) 조만원(趙萬元)과 함께 헌종조에 이조 판서(吏曹判書)를 역임하여 가문을 빛냈다.

한산군파(漢山君派 : 회양공파의 후손)는 도정(都正)을 지낸 조도보(趙道輔)의 아들 조상경(趙尙絅), 조상강(趙尙綱), 조상기(趙尙紀) 3형제와 8명의 손자(孫子)가 모두 문과(文科)에 급제하고 벼슬에 올라 영조(英祖)와 정조조(正祖朝)에 걸쳐 확고한 세도의 기반을 닦았다.

조상경(趙尙絅)의 세 아들 가운데 둘째 조엄(趙曮)은 영조조에 통신사(通信使)로 일본에 갔다 오면서 고구마를 가지고 들어와 우리나라에 보급시킨 사람으로 유명한데, 성품이 강직하여 세칭 '조고집'으로 불렸던 그는 정조조에 공조(工曹) 및 이조(吏曹)의 판서(判書)에 이르렀으나 권신(權臣) 홍국영(洪國榮) 일당의 탄핵으로 김해(金海)로 유배(流配)당했다.

그 밖의 인물로는 영조조에 과거에 급제하여 병조 참판(兵曹參判)을 지낸 조흥진(趙興鎭)이 대제학(大提學)에 추증되었으며,

판서(判書) 조용화(趙容和)는 경사(經史)에 밝고 문장(文章)에 능하여 당대의 거유(巨儒)로 일컬어졌다.

풍양조씨는 조선 말엽에 크게 세도를 떨쳐 명문(名門)의 대(代)를 이었으며 그 세력은 안동김씨(安東金氏)와 쌍벽을 이루었다.

이렇게 조선조에서 명성을 날린 풍양조씨는 한말(韓末)의 격동기에 와서도 많은 인재들이 배출하였다.

그 중에 항일투쟁에 앞장선 조정구(趙鼎九), 조완구(趙琬九), 조동석(趙東奭) 등이 이름났는데, 조정구(趙鼎九)는 고종조에 홍문관 학사(弘文館學士)와 기로소 비서장(耆老所秘書長) 등을 지내고 궁내부 대신(宮內府大臣)으로 재직 중 한일합방이 되자 합방조서(合邦詔書)와 고유문(告諭文)을 찢고 자결하려다 실패하자 금강산(金剛山)에 입산(入山)하여 중이 되기도 했으며, 그의 종제인 조완구(趙琬九)는 내부주사(內部主事)에 재임 중 합방을 당하자 간도(間島)로 가서 상해임시정부(上海臨時政府)의 간부로 활약했고, 조동석(趙東奭)은 경북 상주(慶北尙州)에서 의병(義兵)을 일으켜 일본군과 싸우다가 체포되어 순절했다.

1985년 경제기획원 인구조사 결과에 의하면 풍양조씨(豊壤趙氏)는 남한(南韓)에 총 25,894가구 109,433명이 살고 있는 것으로 나타났고, 2000년 통계청 인구조사에서는 35,009가구 113,798명으로 조사되었다.

풍양조씨(豊壤趙氏)

분파(分派)와 파조(派祖)

후손들이 시조(始祖)의 세거지명(世居地名)인 풍양(豊壤)을 본관(本貫)으로 삼아 세계(世系)를 이어왔으나 시조 이하의 세계(世系)가 실전(失傳)되어 일세조(一世祖)를 각기 다르게 하는 세계통(系統)으로 계대(繼代)하고 있다.

6세를 실전(失傳)한 전직공파(殿直公派)는 고려 때 전직(殿直)을 지낸 조지린(趙之藺)을 일세조로 하여 계대하고 있으며, 몇 대까지 실전(失傳)했는지 상고(詳考)할 수 없는 평장사파(平章事派)는 조신혁(趙臣赫)을, 상장군파(上將軍派)는 조보(趙寶)를 일세조로 하여 계대하고 있다.

그래서 이들 세 파(派)는 동원(同源)이면서도 계대(系代)를 알지 못해 대동보(大同譜)에서도 구분(區分)하여 기록하고 있다.

그 후 전직공파(殿直公派)는 다시 호군공파(護軍公派 : 사충), 회양공파(淮陽公派 : 신), 금주공파(錦州公派 : 임) 등 3파(三派)로 나누어지고, 평장사공파(平章事公派)와 상장군공파(上將軍公派)를 합쳐 크게 5파(派)로 분파(分派)되었다.

회양공파(淮陽公派)의 후손에서 다시 한산군파(漢山君派)와 사옹정공파(司饔正公派)로 크게 갈리는데 이들 두 파가 조선에서 크게 명성을 떨쳤고 후손도 가장 번창해서 현존(現存)하는 풍양조씨(豊壤趙氏)의 과반수를 차지한다.

호군공파(護軍公派)

전직공(殿直公 : 之藺)파는 고려 말엽에 이르러서야 분파(分

派)하게 된다. 먼저 대언공(代言公 : 炎暉)은 4남 1녀를 두었는데, 아들 세대(世代)에서 3파로 갈라진다.

호군공파(護軍公派)의 파조(派祖)인 조사충(趙思忠)은 봉선대부(奉善大夫)에 천우위 중령 호군(千牛衛中領護軍)이다.

호군공파(護軍公派)는 상주(尙州)로 이거(移居)하였는데, 이때 전해오는 이야기가 있다. 호군공의 셋째 아우인 회양공은 풍수지리(風水地理)에 밝았는데, 일찍이 명산대천(名山大川)을 답사하여 상주(尙州)와 임천(林川 : 德林)에 명당자리를 하나씩 잡아놓고 돌아왔다. 형 호군공이 물으니, "상주는 장차 부(富)가 많이 날 자리이고, 임천은 장차 귀(貴)가 많이 날 자리입니다."라고 본대로 답변하였다. 호군공이 생각할 때 '아무래도 아우가 거꾸로 말하였을 것'이라고 생각하고 "내가 상주로 가겠다"고 하니, 이로써 호군공은 상주로 가고 회양공은 임천으로 옮기게 되었다고 전한다.

그러나 호군공 이하 여러 대 자손들의 비문(碑文)을 보면 한결같이 처음으로 상주에 산 것(始居 尙州)은 호군공이 아니라, 그 자제인 상의공(商議公 : 崇)으로 되어 있다.

회양공파(淮陽公派)

대언공(代言公)의 셋째 아들인 조신(趙愼)은 초명(初名)이 사렴(思廉)으로 봉상대부(奉常大夫) 회양 부사(淮陽府使)이니, 회양은 강원도 금강산(金剛山)의 서북쪽에 해당하는 고을이다. 세보(世譜)의 기록에 의하면 "조선 태종이 왕위에 오르기 전에 그에게서 수학하였는데 정사(定社)를 하고 나니 공은 이미 하세(下世)하였으므로 감반지구(甘盤之舊 : 스승의 은혜)를 추념(追念)하여 수묘군(守墓軍) 15명을 내려주고 자손을 불러 썼다."고 되어 있다.

은사인 회양공이 별세하였다는 말을 들은 태종은 무학(無學)에게 묘소 자리나 하나 잡아드리라고 하여 무학이 덕림(德林)에 내려와 현재의 묘소가 있는 자리를 잡았다 한다. 일설에는 무학(無學)이 임천으로 내려왔을 때, 회양공의 작은 아들인 사옹원정공(司饔院正公 : 開平)이 기발한 기지를 발휘한 끝에 임천(林川)의 오선영(五先塋)을 잡았다고도 한다. 무학이 내려오자 사옹원정공이 그 안내를 맡았는데, 맨 먼저 동곡(東谷)에 자리를 하나 잡으니 마음에 들지 않는다하여 다시 하나 잡아주기를 청하였으며, 이런 방식으로 동곡(東谷), 노동(魯洞), 지장동(紙庄洞), 신사동(新寺洞), 덕림(德林)의 자리를 얻어 회양공(淮陽公 愼 : 德林), 사옹원정공(司饔院正公 開平 : 東谷), 장사랑공(將仕郞公 厚之 : 新寺洞), 증장령공(贈掌令公 益祥 : 紙庄洞), 처사공(處士公 世賢 : 魯洞)이 모두 명당을 얻게 되었다는 이야기이다.

금주공파(錦州公派)

대언공의 4남 조임(趙衽)은 초명(初名)이 덕린(德麟)이고 관직이 지금주사(知錦州事)이니 오늘날의 금산군수(錦山郡守)에 해당한다.

포천(抱川)과 양주(楊州)에 세거하여 왔으며 해주(海州)로 옮긴 것은 그 중의 지파(支派)로서 금주공의 현손(玄孫) 세대에서 이루어진 일이다.

평장사공파(平章事公派)

전직공(殿直公 : 之蘭)파는 고증에 의하여 6세 실전임이 밝혀졌으나 평장공파(平章公派)는 알 길이 없다. 파조 조신혁(趙臣赫)은 봉익대부(奉翊大夫) 밀직부사(密直副使), 상의회의도감사(商議會議都監事), 상호군(上護軍) 등을 거쳐 문하시중 평장사(門下侍中平章事)로 있다가 치사(致仕)하였다.

상장군공파(上將軍公派)

파조(派祖) 조보(趙寶)는 상장군(上將軍), 부정(副正), 호군(護軍), 추밀원사(樞密院使) 등을 역임하고 도강백(道康伯)에 봉하여진 것으로 기록되어 있다. 도강(道康)은 전남 강진(康津)의 옛 이름으로 상장군공 자손들은 본관을 강진(康津)으로 써오다가 조선 중기 이후에 환관(還貫)한 것으로 되어 있다. 조선 정조조에 창암공 조홍진(趙弘鎭)이 여기 현감으로 도임하여 보첩을 보고는 "도강(道康)으로 호칭함은 천만부당하다." 하고, 곧 예조에 통문한 결과 조령(朝令)으로 환본(還本)한 것으로 전한다.

풍양조씨(豊壤趙氏)

세계와 행렬(世系와 行列)

세계도

始祖 孟 侍中
　　 맹

一世祖 趙之藺 殿直
　　　 조지린

　　　 溫珣 詹事
　　　 온순

　　　 振圭 禮賓卿
　　　 진규

　　　 晶 掌令
　　　 정

　　　 季鴒 郎中
　　　 계령

　　　 炎暉 代言
　　　 염휘

| 思忠 護軍 | 愼 淮陽公 |
| 사충 | 신 |

| 崇 牧使 | 安平 佐郎 |
| 숭 | 안평 |

| 夏 佐郎 | 謙之 正郎 | 重之 | 順之 | 溫之 |
| 하 | 겸지 | 중지 | 순지 | 온지 |

瑞卿	瑞廷	益脩	益長	益確	益精	益貞
서경	서정	익수	익장	익확	익정	익정
判官公派	舍人公派	兵使公派	持平公派	主簿公派	副尉公派	漢平公派
판관공파	사인공파	병사공파	지평공파	주부공파	부위공파	한평공파

풍양조씨(豊壤趙氏)

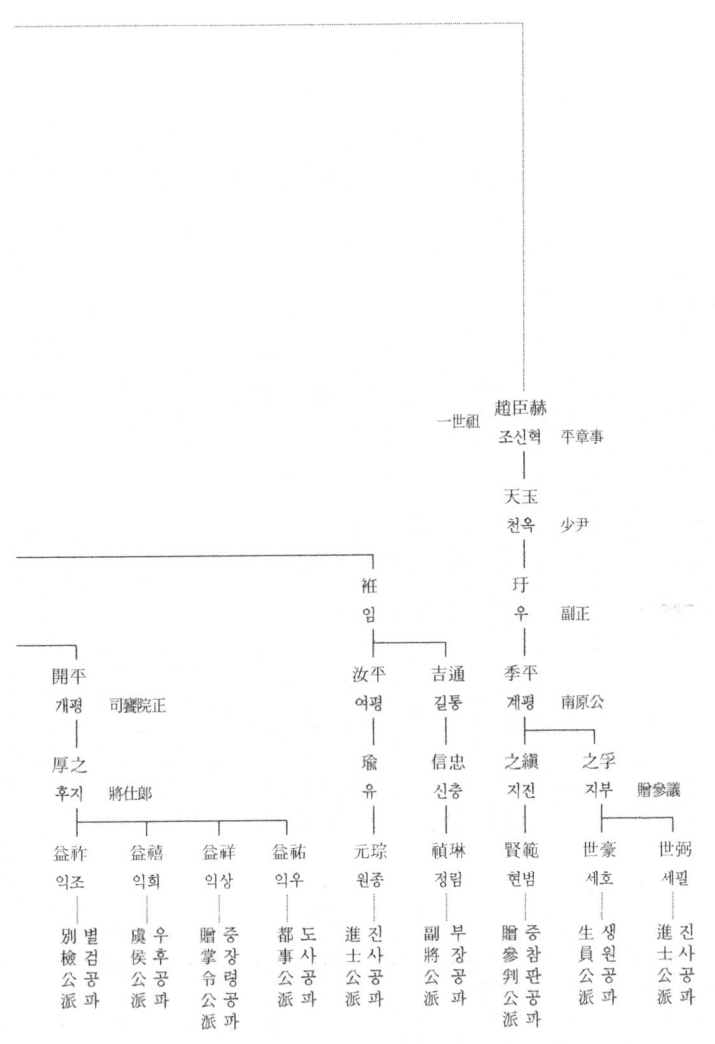

풍양조씨(豐壤趙氏)

항렬표(行列表)

평장사공계(平章事公系 : 平章事公派)

세	항렬자	세	항렬자	세	항렬자
17	萬(만)	18	年(년)	19	熙(희)
20	載(재)	21	敦(돈)	22	默(묵)
23	柄(병)	24	紀(기)	25	康(강)
26	揆(규)	27	演(연)	28	行(행)
29	振(진)	30	東(동)	31	淳(순)
32	卿(경)	33	祺(기)	34	成(성)
35	彰(창)	36	重(중)	37	縯(연)

전직공계(殿直公系 : 護軍公派, 淮陽公派, 錦州公派)

세	항렬자	세	항렬자	세	항렬자
24	東(동)	25	九(구)	26	南(남)
27	衍(연)	28	誠(성)	29	熙(희)
30	鏞(용)	31	新(신)	32	重(중)
33	揆(규)	34	用(용)	35	元(원)
36	商(상)	37	衡(형)	38	茂(무)

풍양조씨(豊壤趙氏)

역대 주요 인물(歷代 主要 人物)

조 신(趙 愼)

고려조에 유양도호부사(淮陽都護府使)를 역임하였다.

조운흘(趙云仡)

1332년(충숙왕 복위 1)~1404년(태종 4). 고려 말 조선 초의 문신. 평장사 조맹(趙孟)의 31대손. 이인복(李仁復)의 문인.

1357년(공민왕 6)에 문과에 급제하여 안동서기(安東書記)가 되고, 합문사인(閤門舍人)을 거쳐서 1361년에 형부원외랑에 올랐다. 홍건적의 침입으로 말미암아 남쪽으로 피난하던 왕을 호종하여 1363년에 2등공신이 되었다. 이듬해 국자감직강이 되었고 이어서 전라, 서해(西海), 양광(楊廣)의 삼도안렴사(三道按廉使)를 지냈다. 1374년 전법총랑(典法摠郞)으로서 사직하고, 상주 노음산(露陰山)기슭에 은거하면서 스스로 석간서하옹(石磵棲霞翁)이라고 하고, 외출할 때는 반드시 소를 타고 다녔다. 이때 「기우도찬(騎牛圖贊)」, 「석간가(石磵歌)」 등의 시를 지었다.

1377년(우왕 3) 다시 등용되어서 좌간의대부(左諫議大夫)가 되고, 판전교시사(判典校寺事)로 있다가 1380년에 사임하고, 광주(廣州) 고원강촌(古垣江村)으로 퇴거하였다. 그곳에서 판교원(板

橋院), 사평원(沙平院)을 중수할 때 스스로 원주(院主)라고 일컬으면서 떨어진 옷과 짚신으로 역부들과 함께 일하였다. 1388년 다시 전리판서(典理判書)로 기용되고, 밀직제학(密直提學)에서 서해도 관찰사로 내려가서 왜구를 토벌하여 치적을 올렸다. 이 듬해에 첨서밀직사사(簽書密直司事)에 오르고, 1390년(공양왕 2)에는 계림 부윤(鷄林府尹)이 되었다.

1392년 조선개국 후에 강릉부사로 제수되었으나 이듬해 칭병으로 사직하고, 광주로 내려갔다가 다시 검교 정당문학(檢校政堂文學)이 되었다. 그 뒤로 관직에서 떠나 여생을 보내다가 스스로 묘지를 짓고 73세에 죽었다.

그가 남긴 저서로 『석간집(石礀集)』이 있다고 하나 현존하지 않는다. 편서로는 『삼한시귀감(三韓詩龜鑑)』이 전하는데, 이는 최해(崔瀣)의 『동인지문(東人之文)』 중에서 「오칠(五七)」을 본떠 만든 것으로 보인다. 여기에는 최해의 비점(批點)이 그대로 실려 있다.

조계팽(趙季砰)

조선조에 부사(府使)를 지냈다.

조 추(趙 秋)

1441년(세종 23) 식년문과에 급제, 집의를 거쳐 직제학에 이르렀다.

풍양조씨(豊壤趙氏)

조익정(趙益貞)

1436년(세종 18)~1498년(연산군 4). 조선 전기의 문신. 자는 이원(而元). 시호는 공숙(恭肅).

1453년(단종 1) 진사가 되고, 1465년(세조 11) 식년문과(式年文科)에 급제한 뒤 승정원 주서(承政院注書)가 되었다. 1468년(예종 즉위) 남이(南怡)의 옥(獄)을 처리하여 익대공신(翊戴功臣) 3등에 책록되고, 춘추관 수찬관(春秋館修撰官) 때『세조실록(世祖實錄)』편찬에 참여하였다. 다음해 세자시강원 문학이 되고, 지평을 거쳐 한평군(漢平君)에 봉해졌다. 1491년(성종 22) 대사헌, 경상우도 병마절도사, 예조 참판을 지내고, 1495년(연산군 1) 한성부 좌윤(漢城府左尹)을 거쳐 공조와 이조의 참판을 역임한 뒤, 1497년 부총관(副摠管)이 되었다.

조희민(趙希閔)

?~1410(태종 10). 조선 초기의 문신. 검교정당(檢校政堂) 조호(趙瑚)의 첩자(妾子).

1400년(정종 2) 방원(芳遠: 뒤의 태종)이 그의 동복형인 방간(芳幹)이 일으킨 난을 평정하고 왕위에 오르는 데 협력한 공으로 1401년(태종 1) 익대좌명공신(翊戴佐命功臣) 3등에 책록되었다. 1402년 9월에 완산부윤이 되었고, 1405년에 평천군(平川君)에 봉작되면서 한성부윤이 되었다. 1409년 10월에 민무구(閔無咎), 민무질(閔無疾)의 옥사에 관련되어 광양에 유배되었다가,

이듬해인 1410년 2월에 유배지에서 처형되었다. 이때 아버지와 아들도 연좌되어 일문이 화를 입었다.

조세영(趙世英)

생몰년 미상. 조선 중기의 문신. 자는 자실(子實). 호는 용헌. 조지부(趙之孚)의 아들.

1513년(중종 8) 생원시에 합격하여 내수사별좌(內需司別坐)가 되었다. 그 뒤 1521년 별시문과에 병과로 급제한 뒤, 사성, 안동부사 등 내외직을 역임하였다.

학문이 널리 알려져 1535년 3월 조사수(趙士秀) 등과 함께 사유록(師儒錄)에 올랐다. 같은 해 8월 사성에서 충주 목사로 교체되었는데, 아무나 사유가 되는 것이 아니라 하여 재차 사성에 임명되어 후진양성에 힘을 기울였다.

조현범(趙賢範)

?~1538년(중종 33). 조선 중기의 무신. 장사랑 조지진(趙之鎭)의 아들.

1501년(연산군 7) 무과에 급제하여 훈련원 주부 및 판관과 도총부 도사, 훈련원 부정을 역임하고, 1506년(중종 1) 의주 판관, 1512년 평안도 우후(平安道虞候)를 지냈다. 1520년 부평 부사를 거쳐, 1528년 온성 부사로 재직하던 중 야인들에게 패한 죄로 파직당하였다. 1535년 복관되어 회령 부사가 되고, 그 뒤 동지중추부사가 되었다.

1537년 성절사(聖節使)가 되어 명나라에 다녀왔는데 김안로(金安老)의 부탁으로 금, 은, 화피(樺皮) 등을 가지고 가서 밀무역을 하였다는 혐의로 파직당하였다.

조인규(趙仁奎)

생몰년 미상. 조선 중기의 문신. 지평 조세보(趙世輔)의 아들.

1519년(중종 14) 식년문과에 을과로 급제하고, 1522년에 정자, 저작, 박사를 역임하였으며, 1525년에 정언, 지평을 지냈다. 1530년에 필선으로 황해도 어사에 파견되어 수령들의 진휼(賑恤) 상황을 살피고 돌아온 뒤 장령이 되었으며, 이어 홍문관 교리와 전한을 거쳐 집의가 된 뒤 1534년에는 승지가 되었다. 전한으로 있을 때 그는 직제학 남세건(南世健)과 함께 정광필(鄭光弼)이 여러 번 큰 옥사를 일으켜 임금의 뜻만 맞추고 전하를 속여 나라를 망친다고 상소하였다.

1537년에 형조 참의, 승지가 되고, 다음해에 한성부의 좌윤과 우윤을 지냈다. 중국 사신이 우리나라에 왔을 때 이안분(李安分)과 선위사(宣慰使)로 함께 갔다. 그때 원접사(遠接使) 정호음(鄭湖陰)이 두 사람에게 부탁하여 부사에게 화답(和答)하도록 하였다. 이안분은 붓을 잡고 시를 짓느라 정력을 이미 다하였는데, 그는 실컷 마시고는 시를 짓는 데에는 마음이 없었다. 새벽에 이안분이 그를 깨워 준엄하게 책망하자, 그는 붓을 멈추지 않고 잠깐 동안 시를 다 지었는데, 그 솜씨가 매우 민첩하여 사람들이 그를 따르지 못하였다 한다.

조세훈(趙世勳)

1506년(중종 1) 중종반정에 공이 있어 정국공신4등으로 풍양군(豊壤君)에 봉해졌다.

조종경(趙宗敬)

1495년(연산군 1)~1535년(중종 30). 조선 중기의 문신. 자는 자신(子愼). 호는 독암(獨庵).

1516년(중종 11) 사마시(司馬試)를 거쳐 1520년 별시문과(別試文科)에 급제, 주서(注書), 정언(正言), 수찬 등을 역임하고, 1524년 이조 정랑에 추천되었으나 김안로(金安老)의 반대로 취임하지 못하였다. 1526년 지평(持平)이 되었다가 이조 정랑에 전임, 이어 장령(掌令), 전한(典翰) 등을 지냈으며, 1531년 사섬시 정(司贍寺正)으로 있을 때 심정(沈貞)의 일당이라는 김안로의 탄핵을 받고 파직되어 과천(果川)에 내려가 학문 연구에 전념하였다.

1537년에 김안로가 죽은 뒤 신원(伸寃)되었으며, 과천의 호계서원(虎溪書院)에 배향되었다. 문집에는 『독암유고(獨庵遺稿)』가 있다.

풍양조씨(豊壤趙氏)

조세철(趙世哲)

자는 국언(國彦).

조선조에 부사(府使)를 지냈다.

조세영(趙世英)

자는 사웅(士雄).

조선조에 부사(府使)를 지냈다.

조안국(趙安國)

1501년(연산군 7)~1573년(선조 6). 조선 중기의 무신. 자는 국경(國卿). 수군절도사 조현범(趙賢範)의 아들, 어머니는 파성군(坡城君) 윤찬(尹贊)의 딸.

1524년(중종 19) 무과에 급제, 이듬해 선전관이 되고, 여러 차례 시사대회(試射大會) 또는 격구대회(擊毬大會)에서 우승하는 등 무인으로 명성이 높았다. 1535년 문신으로 발탁되어 동부승지를 지내고, 1548년(명종 3) 광주목사(光州牧使), 종성부사 등으로 외보되었다. 1551년 경상좌도병마절도사 재직중 사사(賜死)된 중종 때의 권신 김안로(金安老)에게 아부하였다는 탄핵으로 장단부사로 좌천되었으나, 1553년 관내의 도적을 일소한 공으로 경상우도 병마절도사로 전임되었다.

1555년 을묘왜변이 일어나자 전라병사 겸 방어사로 순변사

남치근(南致勤)과 함께 나주일대에 침구한 왜적들을 소탕하였다. 뒤에 제2차 작전에서 적에게 허를 찔려 작전에 실패하자, 이로 인하여 관직을 박탈당한 채 녹도(鹿島)에 장류되었으나 1557년 장단부사에 다시 서용되고, 1561년 함경남도 병마절도사, 1567년(선조 즉위년) 경기도 수군절도사를 거쳐 포도대장, 오위장, 부총관 등을 역임하였다.

그의 절륜한 무예로 28세에 통정대부(通政大夫)에 올랐고, 종성부사가 되었을 때 그의 아버지 조현범은 회령부사로 재직하여 육진(六鎭)을 부자가 지킨다는 명성이 한때 높았다. 좌찬성에 추증되었다.

조 경(趙 儆)

1541년(중종 36)~1609년(광해군 1). 조선 중기의 무신. 자는 사척(士). 시호는 장의(莊毅).

무과에 급제, 선전관을 거쳐 1591년(선조 24) 강계부사(江界府使) 때, 유배되어 온 정철(鄭澈)을 우대(優待)했다가 파직되었다. 다음 해 임진왜란이 일어나자 영남 우도 방어사가 되어 훈련도 안 된 적은 수의 병졸로 금산에서 왜적과 조우하였으나 부상을 입고 구례에 가서 조섭하였다. 임진년 초겨울에 분조의 왕세자 즉 광해군이 강원도 이천에 이르러 공으로 수원부사를 삼았는데, 이때 마침 전라도 순찰사 권율은 동복현감 황진과 더불어 임진년 7월 8일 금산 배치에서 소조천강경의 군을 무찔러 곡창인 호남을 보존한 후 12월말에 수원남쪽 독성산성으로 이진하였다. 이 무렵 왜적은 군량사정이 여의치 않아 한성 인근의 군현에 나가 약탈을 일삼았는데, 이에 조경은 휘하의 수 십 기로 기병을 내어 상황에 따라 진퇴를 반복하며 적을 공략하니 결국 왜적이 어쩔 수 없이 퇴각하여 인근 고을이 편안하게 되었으며 이 싸움에서 세마대의 설화가 전래되었다.

이 무렵 권율은 임진년 12월 이래 독성산성을 지키면서 지구 견제로 공수를 꾀하여 충분히 그 목적을 달성하자 평양을 수복하고 남진중인 명군과 합세하여 한성을 탈환하고자 한성 서쪽에 나가 진을 치기로 결심하였는데, 이 때 조방장인 조경을 파견하여 진지를 답사케 하니 조경은 행주산성을 점찍었으나 권율은 오히려 연세대 뒷산인 안산(즉 길마재)을 주장하였다. 조경의 주장에 따라 권율은 2,300여의 적은 병력을 이끌고 행주산성에 진을 옮겼으며, 이곳으로 이진한 후 조경은 휘하 병력을 총동원, 즉시 벌목하여 목책을 두르고자 하니 주장인 권율은 곧 완경인 한성으로 진격할 생각으로 이를 반대하였으나 마침 체찰사인 송강 정철이 양천의 허욱 진영에 도착하여 권공을 부르니, 조경은 충청도 조방장으로 전임되어 그곳에 머물고 있던 황진에게 연락하여 권공이 급히 귀환하지 않게끔 조치하고 주야로 설책하여 외성을 두르고 이어 목책 안에 흙과 돌로 내성을 쌓아 적의 공격에 대비하였다.

행주에서의 대승리는 조방장으로서 안산을 버리고 행주산성에 설진토록 주장인 권율을 설득하고 또 목책을 시설하여 이에 의지하여 적은 병력으로 대군을 무찌르도록 한 조경 장군의 공이 컸다고 하겠다.

이후 한양의 왜군이 4월에 남해안으로 퇴각 후 왕경이 수복되자 유도대장이 되었다. 환도 후인 선조 26년(1593)에 부원한 절강장수 낙상지의 권고에 의해 명나라 장수 척계광이 중국의 북쪽 오랑캐 특히 남쪽의 왜구와의 실전을 토대로 저술한 명저로서 무경칠서에 비견되는 기효신서를 바탕으로 훈련도감 일명 훈국을 설치하고 절강병법을 가르쳤는데, 조경이 초대의 대장이 되었다.

권율과 함께 행주싸움에서 대승한 공으로 가선대부(嘉善大夫)가 되고 서울이 수복되자 도성서도 포도대장(都城西都捕盜大將)이 되고, 그 해 훈련도감의 설치로 우영장(右營將)을 겸임, 1596년(선조 29) 훈련대장이 되었다. 1599년 회령부사(會寧府使)로 부임, 1604년 선무공신(宣武功臣) 3등에 책록되어 풍양군(豐壤君)에 봉해졌다.

병서는 물론 사서에 박통하여 유사라도 미치지 못할 정도로 학문이 깊었다고 한다.

조수준(趙守準)

자는 국균(國均).

조선조에 헌납(獻納)을 역임하였다.

풍양조씨(豊壤趙氏)

조 즙(趙 濈)

1568년(선조 1)~?. 조선 중기의 문신. 자는 덕화(德和). 호는 화천(花川). 첨정 조종돈(趙宗墩)의 증손, 조수원(趙守元)의 아들.

1591년(선조 24) 생원시에 합격하고, 이해 증광문과에 병과로 급제하였다. 1596년에 주서가 되고, 이듬해 사서를 거쳐 1600년 정언이 되었다. 이어 1604년 부수찬을 거쳐 이듬해 전적이 되고, 1611년(광해군 3)에 장령을 역임하였다. 그 뒤 1617년에 영해부사가 되었다. 1623년(인조 1)에 호군을 거쳐 이듬해 동부승지가 되었고, 『명종실록』의 개수, 편찬 때 부교리로서 참여하였다.

한편, 1622년에 등극사(登極使)로 임명되었을 때 병을 핑계로 가지 않았다고 비난을 받았으나, 인조가 등극한 해에는 사은사 겸 성절사로 명나라에 다녀왔다.

문장이 뛰어났다.

조국빈(趙國賓)

1570년(선조 3)~?. 조선 중기의 문신. 자는 경관(景觀). 호는 설죽(雪竹). 참봉 조유백(趙惟白)의 아들.

1606년(선조 39) 진사시에 합격하고 바로 증광문과에 갑과로 급제, 예문관 검열에 임용되었다. 그 뒤 정언, 지평 등을 역임하면서 언관으로 활약하다가, 1618년(광해군 10) 인목대비(仁穆大妃)를 서궁(西宮)에 유폐하는 사건이 일어나자, 이에 반대하다가 거제도에 유배되었다.

인조반정(仁祖反正)으로 다시 관직에 나아가 1632년(인조 10) 형조 참의(刑曹參議)를 지내기도 하였으나, 반대파의 박해로 벼슬에서 물러나 충주에서 은거하였다.

조 정(趙 靖)

자는 안중(安仲). 호는 검간(黔澗).

선조, 인조조의 학자로 정구와 김성일 선생의 제자이다. 임란에 창의하여 국토 수호에 앞장섰다. 조선조에 봉상시 정(奉常寺正)을 역임하였다.

그의 저서인 『임란일기』는 상주와 함창은 물론 경상도와 충청도 지역의 의병 및 관료들의 활동, 백성들의 동향과 고통상 및 왜적의 갖가지 만행을 구체적이면서도 사실적으로 기록하여 상주 임란사 연구에 귀중한 자료로서 한국 임란사 연구에도 소중한 자료로 평가되고 있다. 이 일기는 1592년 4월 14일에서 같은 해 8월 24일까지의 일기로 2권, 1592년 8월 25일에서 1593년 1월 7일까지의 남행록 1권, 1593년 12월 25일부터 1594년 2월 4일까지의 일기 부잡록(日記附雜錄) 1권, 1597년 1월 24일부터 1597년 3월 19일까지의 서행일기(西行日記) 1권과 견문록(見聞錄) 1권 등 모두 6종 7책으로 구성되어 있다.

조정추(趙廷樞)

자는 응두(應斗). 조선조에 사예(司藝)를 지냈다.

조정기(趙廷機)

1535년(중종 30)~1575년(선조 8). 조선 중기의 문신. 자는 형선(衡善). 전한 조종경(趙宗敬)의 아들, 어머니는 부사 이잠(李箴)의 딸.

1561년(명종 16) 감시 생원(監試生員) 제1인으로 뽑혔고, 1564년 식년문과에 병과로 급제, 예문관 대교, 승문원 주서를 거쳐 홍문관 수찬으로서 을사괘망의 원억(乙巳掛網之寃抑)을 신설(伸雪)하고, 이황(李滉)의 저술을 찬하며, 향약을 시행할 것을 건의하였다.

부수찬, 수찬, 지평을 거쳐 교리에 이르렀을 때, 재상 이준경(李浚慶)이 죽음에 임하여 조정에 붕당의 조짐이 있음을 말한데 대하여 삼사가 공격하여 죄주기를 청하자 심희수(沈喜壽)와 더불어 이준경을 적극 변호하였으며, 성혼(成渾)을 적극 천거하였다. 이조 정랑, 의정부 검상 사인, 헌납, 장령을 거쳤다.

1575년(선조 8)에 병이 나니, 선조가 즉위 이래 시강(侍講)의 공을 생각하여 약을 내리고 의원을 보내주었다.

조 익(趙 翊)

1556년(명종 11)~1613년(광해군 5). 조선 중기의 문신. 자는 비중(仲). 호는 가휴(可畦). 정구(鄭逑)의 문하생.

1582년(선조 15) 생원시에 급제하고 1588년 알성문과에 병과로 급제하였다. 여러 벼슬을 거쳐 세자시강원 필선, 병조 좌랑, 광주 목사(光州牧使), 장령을 역임하였다.

상주의 속수서원(涑修書院)에 재향되었다.

조응록(趙應祿)

1538년(중종 33)~1623년(인조 1). 조선 중기의 문신. 자는 경수(景綏). 호는 죽계(竹溪). 찰방 조덕기(趙德期)의 아들.

1573년(선조 6) 진사(進士)가 되고, 1579년 식년문과(式年文科)에 병과로 급제, 사관(史官)을 거쳐 전적(典籍)이 되었다. 1592년 임진왜란 때 함경도로 세자(世子)를 호종(扈從), 난이 끝난 뒤 통정대부(通政大夫)에 오르고, 1599년 풍덕 군수(豊德郡守)가 되었다. 1613년(광해군 5) 계축옥사(癸丑獄事) 때 삭직 당했다가 앞서 임진왜란 때의 공으로 가선대부(嘉善大夫)에 올라 풍녕군(豊寧君)에 봉해졌으나 1523년 인조반정 후 관작을 추탈당하였다.

문집에 『죽계유고(竹溪遺稿)』가 있다.

조광벽(趙光璧)

자는 여완(汝完). 호는 북계(北溪).

조선조에 의병장(義兵將)을 지냈다.

풍양조씨(豊壤趙氏)

조광현(趙光玹)

생몰년 미상. 조선 중기의 학자, 의병장. 자는 계진(季珍). 호는 금탄(琴灘). 이이(李珥)의 문인.

이이의 문하에서 수학하면서 문하생 중 가장 촉망 받았다. 1582년(선조 15)에 진사가 되었고, 1585년 이이, 성혼(成渾) 등이 동인의 공격을 받아 화를 입자 신원을 상소하였으며, 제릉참봉(齊陵參奉)과 금성 현령(金城縣令) 등을 지냈다. 1592년 임진왜란 때에 의병을 일으켜 싸웠고, 왕을 의주로 호종(扈從)하여 원종공신(原從功臣) 1등에 책록되고, 1601년(선조 34) 호조 좌랑에 올랐다. 1627년(인조 5) 정묘호란(丁卯胡亂) 때에도 의병을 일으켰다.

조수익(趙守翼)

는 시보(時輔). 호는 운애(雲厓).
조선조에 교리(校理)를 지냈다.

조희보(趙希輔)

1553년(명종 8)~1622년(광해군 14). 조선 중기의 문신. 자는 백익(伯益).

1582년(선조 15) 진사가 되고, 1588년 식년문과에 병과로 급제, 예문관검열이 되었다가 대교, 봉교를 거쳤다. 1595년 이후 예조, 형조, 호조의 낭관 등에 임명되었으나 나아가지 않다가, 1597년 충청도 도사가 되어서는 관찰사 유근(柳根)을 도와 임진왜란의 뒷바라지에 힘썼다. 1599년 예천 군수, 이듬해 시강원 필선, 사헌부의 장령, 집의, 사간 등에 임명되었으며, 당시 권력을 집중시키던 정인홍(鄭仁弘)에게 반대하는 정치활동을 하였다.

1602년 북방에 흉년이 들자 어사로 파견되어 진휼활동에 공을 세웠다. 1603년 조정에 분란이 격화되면서 대동찰방으로 나갔다가 1605년 삼척부사로 임명되었으나 병으로 부임하지 않았고, 1606년 사도시정을 거쳐 광주목사로 나가 암행어사와 관찰사에 의하여 선정이 중앙에 보고되어 상을 받고 가자(加資)되었으며, 체직된 뒤 고을 백성들이 비를 세워 공적을 기렸다.

1611년(광해군 3) 성주 목사에 임명되었으나 관내 정인홍의 세력을 믿고 횡포를 자행하는 토호(土豪)를 엄벌하였다가 탄핵을 받아 파직되었다. 그 뒤 분승지, 분병조 등에 차정되었으나 길게 재임하지 못하였고, 1622년 광해군과 대북세력이 이끄는 중앙 정국을 피하여 원주로 물러났다.

죽은 뒤 영국원종공신(寧國原從功臣)에 녹훈되었으며, 이조 판서에 추증되었다.

조 직(趙 溭)

1592년(선조 25)~1645년(인조 23). 조선 중기의 문신. 자는 지원(止源). 호는 지재(止齋). 한풍군(漢豊君) 조수이의 아들, 어머니는 찰방 정남경(鄭南慶)의 딸.

조수륜(趙守倫) 밑에서 공부하고, 다시 문위(文緯)의 문하에

풍양조씨(豐壤趙氏)

들어가 수학하였다. 1613년(광해군 5) 광해군의 폐모사건이 일어나자, 나라의 기강을 위하여 목숨을 바칠 것을 결심하고 아우 옥(沃)에게 부모의 봉양을 부탁한 다음 분연히 폐모반대의 항소(抗疏)를 올렸는데, 그때 나이 22세였다. 광해군은 크게 노하여 반드시 뒤에 사주자가 있을 것으로 보고 정국(庭鞠)을 열어 엄히 신문하였지만, 끝내 조정의 그릇된 처사를 바르게 하려는 뜻에서였음을 진술하고, 이듬해 남해에 유배되었다.

1623년 인조반정으로 석방되어 호조 좌랑에 제수되었다가 형조 좌랑으로 옮기고 이어 형조 정랑으로 승진되었으며, 배천, 간성, 고성의 군수를 지냈다.

시문과 서화에 능했는데, 특히 산수화를 잘 그렸다. 1658년(효종 9) 좌승지로 추증되고, 그 이듬해 대사헌으로 추증되면서 한천군(漢川君)에 추봉되었다.

조수륜(趙守倫)

1555년(명종 10)~1612년(광해군 4). 조선 중기의 문신. 자는 경지(景至). 호는 풍옥헌(風玉軒) 또는 만귀(晩歸). 홍문관 응교 조정기(趙廷機), 어머니는 관찰사 강욱(姜昱)의 딸. 성혼(成渾)의 문인.

1579년(선조 12) 사마시에 합격하고, 1584년에 경기전 참봉(慶基殿參奉)에 제수되었으며, 1590년에 선릉 참봉(宣陵參奉)을 역임하였다. 임진왜란중 선공감역(繕工監役)에 임명되었으나 곧 해직되고, 1601년 동몽교관(童蒙敎官)으로 복직되었다. 1604년 대흥 현감에 제수되었다가 1607년에 파직되었고, 1609년(광해군 1) 호조 좌랑으로 기용되었다가 1611년에 평택 현감이 되었다. 1612년 신율(申慄)이 황혁(黃赫)과의 구원(仇怨)으로 역옥(逆獄)을 일으켰는데 이에 연루되어 옥중에서 죽었다.

성혼의 문하에서 행실이 단아함으로써 명성을 얻었으며, 경학에도 조예가 있어 그가 집무하는 관아에서 여러 동문들과 함께 『우계집(牛溪集)』을 편집, 출간하였다.

병조 참판에 추증되고, 서천의 건암서원(建巖書院)에 제향되었다.

조수익(趙守翼)

1565년(명종 20)~1602년(선조 35). 조선 중기의 문신. 자는 시보(時保). 홍문관 응교 조정기(趙廷機)의 아들.

일찍이 아버지를 여의었으나 자립하여, 1590년(선조 23)에 사마시에 합격하고, 이듬해 식년문과에 병과로 급제한 뒤 성균관 학유에 제수되었다.

1592년 임진왜란이 일어나자 어머니를 하직하고 죽음으로써 관직을 지키려고 하였으나 이미 묘사(廟社)가 옮겨졌고 궁성이 비었음을 알고, 국왕이 계신 행재소(行在所)에 이르러 검열에 제수되었다.

이후 주서, 봉교, 사서, 성균관 전적, 사헌부 지평, 예조 정랑, 전라 도사, 병조 정랑, 홍문관 부수찬, 부교리, 임천 군수 등 내외직을 두루 역임한 뒤 병을 얻어 고향에 돌아와 죽었다. 사후 1603년에 호성선무종훈녹권(扈聖宣武從勳錄券)이 내려졌고, 통정대부(通政大夫)에 증직되었다.

타고난 성품이 깨끗하고 조용하였고, 효성과 우애가 깊었으며 생활이 청빈하였다.

조 릉(趙 稜)

1607년(선조 40)~1683년(숙종 9). 조선 중기의 문신. 자는 자방(子方). 호는 모암(慕庵). 상주 출생.

성리학보다는 문학에 열중하였다. 1622년 인조반정 직후 이이(李珥)와 성혼(成渾)의 문묘배향에 반대하는 소를 올리기도 하였다. 이황(李滉)의 적통을 자임하는 전형적 영남 남인의 선비였다. 평생 시골에 있으면서 유림의 천거를 받아 도남서원(道南書院)의 일에 진력하였다. 1654년(효종 5년) 사마시에 합격하였다.

문집으로 『모암집(慕庵集)』이 있다.

조방직(趙邦直)

1574년(선조 7)~?. 조선 중기의 문신. 자는 숙청(叔清). 호는 수죽(脩竹). 장령 조응록(趙應祿)의 아들. 이해수(李海壽)와 성혼(成渾)의 문인.

1609년(광해군 1) 증광문과에 병과로 급제, 장령, 사간, 집의를 거쳐 1633년(인조 11) 좌부승지에 이르렀다. 1627년 이인거

(李仁居)의 반란을 평정한 공으로 소무공신(昭武功臣)이 되고, 다음해 유효립(柳孝立), 정심(鄭沁)의 치옥에 공을 세워 영사공신(寧社功臣)이 되었다.

병자호란 때 인조가 남한산성에 들어가자 김집(金集)과 함께 근왕(勤王)하고자 달려갔으나 뜻대로 안 되자, 되돌아와서 여러 고을에 격문을 보내어 의병을 모았으며, 병으로 직접 싸우지는 못하고 김집에게 모든 것을 맡겼다. 죽음에 임하여서도 의곡(義穀)을 거두어 병량(兵糧)을 도우라는 말을 남겼다.

성리학에 뛰어났으며 저서로 『수죽유고』가 있다.

조 속(趙 涑)

1595년(선조 28)~1668년(현종 9). 조선 중기의 서화가. 자는 희온(希溫). 호는 창강(滄江) 또는 창추(滄醜).

1623년 인조반정에 참가하여 공을 세웠으나 훈명(勳名)을 사양하고, 효종 때 시종(侍從)에 뽑혔으나 역시 사양했다. 음보(蔭補)로 기용되어 장령(掌令), 진선(進善)을 지낸 적이 있다. 경학(經學)과 문예, 서화에 전념하였으며, 영모(翎毛), 매죽(梅竹), 산수(山水)를 잘 그렸는데, 특히 영모는 중국풍의 형식을 벗어나 독특한 화풍을 형성하였다.

광주(廣州)의 수곡서원(秀谷書院), 과천(果川)의 호계서원(虎溪書院), 서천(舒川)의 건암서원(建巖書院), 김제(金堤)의 백석사(白石祠)에 제향되었으며, 저서로 『창강일기(滄江日記)』, 그림으로 「흑매도(黑梅圖)」, 「매작도(梅鵲圖)」, 「지상쌍금도(枝上雙

禽圖)」, 글씨로 부여(扶餘)의 「조회양은렴비(趙淮陽恩廉碑)」, 김제(金堤)의 「좌찬성이계맹비(左贊成李繼孟碑)」가 전한다.

조 익(趙 翼)

1579년(선조 30)~1655년(효종 6). 조선 중기의 문신. 자는 비경(飛卿). 호는 포저(浦渚) 또는 존재(存齋). 시호는 문효(文孝). 나면서부터 영특하여 3세에 이미 바둑알로 주역(周易)의 건괘(乾卦)를 만들었다고 하며, 6세에 전송시구(餞送詩句)를 짓고, 8세에 중봉(重峯) 조헌(趙憲)이 그 반대자에 의해 배척당하는 것을 옹호하는 상소문을 기초하였다.

14세 때 임진왜란을 만나 피난을 다니다 광주(廣州)로 돌아왔고, 15세에 공주에 가서 서경(書經)을 읽었는데 선기옥형(璇機玉衡)의 주(註)를 모두 막힘 없이 통달하고 홍범(洪範)을 모방이범(彝範)이란 학설을 만들었다고 한다.

음보(蔭補)로 정포만호(井浦萬戶)가 되고, 1598년(선조 31) 압운관(押運官)으로 미곡 23만 석을 잘 운반하여 표리(表裏)를 하사받고, 1602년 별시문과(別試文科)에 병과로 급제하였다. 여러 벼슬을 거친 뒤 1611년(광해군 3) 수찬(修撰)으로 있을 때 이황(李滉) 등의 문묘종사(文廟從祀)를 반대한 정인홍(鄭仁弘)을 탄핵하다 고산도 찰방(高山道察訪)으로 좌천, 이듬해 사직하였다.

광해군의 폭정이 심해 인목대비(仁穆大妃)가 유폐되자 선생은 벼슬을 버리고 고향인 경기도 화성군 매송면 원리로 은거하다

아산군 신창면 도고산하로 옮겨 은둔하였는데, 이후 조정에서는 수많은 벼슬을 내리며 선생을 불러냈으나 취임하지 않았다. 이것을 사관(史官)들은 "그들이 공직에 용납되지 못하는 것을 알자 그 중노(衆怒)를 종식시키고 사심을 성취시키려는 목적으로 한 것."이라고 적고 있다. 이때 명류(名流)로서 벼슬하지 않은 자가 5인으로 오열사(五烈士)라는 호칭이 있었으나 끝까지 취임하지 않은 사람은 선생뿐이었다. 선생의 이런 모습을 보고 덕성(德聲) 이한음(李漢陰)과 항복(恒福) 이백사(李白沙)는 "속임 없는 천진한 마음을 잃지 않은 사람이다."라고 칭하였고, 원익(元翼) 이오리(李梧里)는 "당시에 경륜이 있는 인재로는 조정에 조모(趙某) 한 사람 뿐이다."고 했다.

1623년 인조반정으로 재기용되고, 1625년(인조 3) 부호군(副護軍), 형조 참의를 지냈다. 1636년 병자호란 때 예조 판서로서 달아난 죄로 처벌받은 뒤 1643년 재기용되어 원손보양관(元孫輔養官)이 되었다. 이조, 예조의 판서, 대사헌이 되고, 1648년 좌참찬(左參贊)으로 승진, 1649년 효종이 즉위하자 우의정으로 인조의 장찬집청찬집관(狀纂輯廳纂輯官)을 겸한 후 좌의정에 올랐다. 그 해 이이(李珥), 성혼(成渾)의 문묘종사를 상소하였으나, 허락되지 않자 사직하였다.

김육(金堉)의 대동법(大同法) 시행을 적극 주장하였고, 성리학의 대가로서 예학(禮學)에 밝았으며, 음률, 병법, 복서(卜筮)에도 능하였다. 개성의 숭양서원(崧陽書院), 광주(廣州)의 명고서원(明皐書院), 신창(新昌)의 도산서원(道山書院)에 제향(祭享)되었다. 저서에 『포저집(浦渚集)』, 『서경천설(書經淺說)』, 『역상개략(易象槪略)』 등이 있다.

조선왕조실록(朝鮮王朝實錄) 中

◎ 좌의정 조익의 졸기

대광 보국 숭록 대부(大匡輔國崇祿大夫) 의정부 좌의정(議政府左議政) 조익(趙翼)이 졸서(卒逝)하였다. 조익의 자는 비경(飛卿)이다. 성리학(性理學)에 잠심하였고 젊어서 급제하였다. 일찍이 과제(課製) 때에 동해무조석론(東海無潮汐論)을 지었는데, 문충공(文忠公) 이항복(李恒福)이 보고 '세상에 어찌 이만한 식견이 있는가.' 하였다. 광해(光海) 초기에 이이첨(李爾瞻)이 권력을 잡았을 때 서로 친하게 지내기를 바라고 전랑(銓郞)에 천거하려 하였으나, 조익이 끝내 응답하지 않았다. 정인홍(鄭仁弘)이 이언적(李彦迪), 이황(李滉) 등 제현(諸賢)을 공박하여 배척할 때에 조익이 옥당에 있었는데 동료와 함께 상차하여 그 죄를 논하였다. 이 때문에 고산 찰방(高山察訪)으로 폄출(貶黜)되었는데, 모후(母后)가 유폐되어 윤기(倫紀)가 아주 무너진 것을 보고 곧 벼슬을 버리고 고향으로 돌아가 한번도 성시(城市)에 들어오지 않았다.

계해년에 반정(反正)하고서는 맨 먼저 옥당에 들어갔는데 걸핏하면 성인의 학문과 선왕의 정치를 인용하니, 인조(仁祖)가 번번이 허심탄회하게 들었다. 지금의 성상께서 즉위하고서 드디어 정승이 되었는데 조익이 상이 큰일을 할 뜻이 있는 것을 보고 알면 말하지 않는 것이 없었다. 어버이를 지극한 효성으로 섬기고 자제로서의 일을 늙어도 게을리 하지 않고 지켰다. 상중에 있을 때에는 3년 동안 죽을 먹고 밤낮으로 호곡하여 피가 침석(枕席)을 적셨다.

늘 공경을 지키고 본심을 간직하는 것을 일생의 공부로 삼았고 종일 바르게 앉고 병이 있지 않으면 비스듬히 기댄 적이 없었다. 이이(李珥)·성혼(成渾)을 종사(從祀)하는 논의를 힘껏 주장하다가 상의 뜻을 거슬러 향리에 물러가 경적(經籍)에 침잠하였다. 이때에 졸서하니, 나이는 일흔 일곱이었다. 시호는 문효(文孝)이다. 그가 지은 『서경천설(書經淺說)』, 『용학곤득(庸學困得)』 등의 책 가운데에서는 주자장구(朱子章句)를 제법 고쳤는데, 사람들이 이 때문에 흠잡는다.

<효종실록, 6년(1655) 3월 10일(을미)>

조 흡(趙 潝)

?~1661년(현종 2). 조선 후기의 문신. 자는 흡여(潝如). 교리 조수익(趙守翼)의 아들.

광해군조 후기에 등용되어 승문원 정자가 되었고, 1623년(인조 1) 김류, 이귀(李貴) 등이 반정을 꾀함을 알고 이에 호응하여 포의(布衣)의 몸으로 이천(伊川)으로 가 방어사 이중로(李重老)와 군병을 모아 인조반정에 공을 세웠다. 인조가 즉위하자 등극경과(登極慶科)의 사마양시(司馬兩試)에 합격하였으나 얼마 후에 파과(罷科)되어 쓰이지 않았으나 반정의 공으로 정사공신(靖社功臣) 3등에 녹훈되어 6품관에 초수(超授), 종부시 주부가 되었다. 이어 장례원 사평, 양구 현감을 역임하고, 1627년 정묘호란 때에는 강도(江都)로 인조를 호종하고 형조 좌랑을 거쳐 청안 현감으로 부임, 치적이 현저하여 현민이 송덕비를 세워주었다.

이어 창평 현령을 역임하고, 부평도호부사, 상의원 정(尙衣院正)을 거쳐 1644년에는 특지(特旨)로 공조 참의에 발탁되었으며, 여주 목사로 나갔다가 병으로 사임하였다. 1646년 5월 다시 훈맹(勳盟)에 참여하여 가선대부(嘉善大夫)에 오르고 풍안군(豊安君)에 봉하여졌으며 광주 부윤(廣州府尹)이 되었다. 뒤에 간성군수, 오위도총부 부총관을 역임하고, 효종 때에는 한성부 좌윤으로 있다가 1651년(효종 2) 범금인(犯禁人)을 수치(囚治)하지 못하고 탐학한다는 탄핵으로 다시 파직되었다가 1654년부터 한성부와 도총부에서 근 7년간 몸담았다가 공조 참판에 이르렀다.

국조고실(國朝故實)에 밝았고, 저서로는 『풍안군일기(豊安君日記)』가 있다. 시호는 경목(景穆)이다.

조선왕조실록(朝鮮王朝實錄) 中

◎ 풍안군 조흡의 졸기

풍안군(豊安君) 조흡(趙潝)이 졸(卒)하였다. 교리 조수익(趙守翼)의 아들로 계해년 정사 공신(靖社功臣)에 참여되고 벼슬이 공조 참판에 이르렀으며 국조 고실(國朝故實)을 꽤 알았다.

<현종개수실록, 2년(1661) 1월 1일(신해)>

조종운(趙從耘)

1607년(선조 40)~?. 조선 후기의 문신. 자는 백농(伯農). 호는 송창(松窓). 장령 조속(趙涑)의 조카.

관직은 찬선을 지냈다.

글씨를 잘 썼으며, 보학(譜學)에 밝아서 『씨족원류(氏族源流)』를 저술하였다.

조여수(趙汝秀)

자는 신보(愼甫). 호는 만오당(晩悟堂).

1627년(인조 5) 생원시에 합격. 1651년(효종 2) 문과에 급제하여 3사를 거쳐 예조 참판에 이르렀다.

그림에도 능하여 「묵매도(墨梅圖)」, 「노수서작도(老樹棲鵲圖)」가 있다.

조견소(趙見素)

1610년(광해군 2)~1677년(숙종 3). 조선 후기의 문신. 자는 자장(自章). 호는 성강(星江). 목사 조박(趙璞)의 아들.

총명하고 학문에 힘써 능히 제자백가의 학문에 널리 통하여 문사(文詞)로 사우(士友)들 사이에 명망이 높았다. 1639년 사마시에 수석으로 합격하였지만 대과에는 누차 응시하였으나 실패하였다. 그리하여 충원(忠原)의 벌판에서 거처할만한 곳을 정하고, 글과 역사를 자기의 업으로 삼아 후학을 가르치는 데 힘썼다. 사람을 가르침에 있어 덕행을 우선으로 하고 문예를 뒤로 하였으며, 당시의 명류(名流)들이 그의 문하에 많이 출입하였다.

1659년(효종 10)에 학도예부(學徒禮部)에 추천되어 동몽교관(童蒙敎官)을 제수 받았다. 그 뒤 여러 곳의 관직을 역임하다가 금구 현령에 이르렀는데 이를 싫어하는 자들의 해침을 받자 관직을 그만두고 돌아왔다.

성품이 조용하고 과묵하였으며, 또한 친구들과 교유하는 것을 기뻐하였다. 한편 일찍부터 존귀하고 현달한 가문에는 발을 들여놓지 않았다. 고을을 다스릴 때에도 백성들에게 위엄으로 몸소 기율을 지켰고 자혜로 다스려 명성과 업적이 널리 퍼졌다.

문장은 예스러운 아담함을 좋아하였고 시는 더욱 깊은 조예를 가졌는데, 두보(杜甫)의 시에 전념하여 이를 모범으로 삼았으며, 저술은 거의 산일(散佚)되었고 유고(遺稿) 약간이 가장(家藏)되었으며, 『기년통고(紀年通攷)』에 12편이 실려 있다.

조시형(趙時亨)

1612년(광해군 4)~1682년(숙종 8). 조선 후기의 문신. 자는 계통(季通) 또는 우백(遇伯). 참봉 조방량(趙邦亮)의 아들.

일찍이 문과에 뜻을 두었으나 포기하고 1644년(인조 22) 무과에 등제하여 절충장군(折衝將軍), 첨지중추부사 등에 이르렀다. 1648년 흥덕 현감 재직 당시 사간원의 탄핵을 받기도 하였다

조지운(趙之耘)

1637년(인조 15)~?. 조선 중기의 선비화가. 자는 운지(耘之). 호는 매창(梅窓), 매곡(梅谷) 혹은 매은(梅隱). 선비화가 조속(趙涑)의 아들.

벼슬은 현감을 지냈으며, 그림을 잘 그려 중국에 다녀온 바 있다. 참봉으로 있을 때 우의정 허목(許穆)의 청으로 부채에 그림을 그려준 적이 있었는데, 이 사실을 안 노론들이 힐난하자 그

때부터 그림을 그리지 않았다고 전한다.

아버지의 화풍을 계승하여 선비의 기풍과 심의(心意)가 가득한 묵매와 수묵화조를 잘 그렸다. 그의 묵매화는 아버지를 비롯한 조선 중기의 묵매화법을 고루 갖춘 그림으로, 주로 직립식과 사선식의 구도를 사용하였으며, 거칠고 성근 필치를 애용하였다.

수묵화조에서도 간결한 구도와 사의적인 분위기 등 아버지의 화풍을 충실히 따랐다. 유작으로는 「숙조도(宿鳥圖)」, 「매죽영모도(梅竹翎毛圖)」, 「송학도(松鶴圖)」, 「묵매도(墨梅圖)」 등이 남아 있다.

조 형(趙 珩)

1606년(선조 39)~1679년(숙종 5). 조선 후기의 문신. 자는 군헌(君獻). 호는 취병(翠屛). 감찰 조기(趙磯)의 손자, 승지 조희보(趙希輔)의 아들.

1626년(인조 4) 별시문과에 병과로 급제하였으나 파방되고, 1630년 식년문과에 병과로 급제하여 예문관 대교를 거쳐 사국(史局)으로 옮겼다. 1632년 인조의 아버지 정원군(定遠君)을 추존하자는 박지계(朴知誡)의 발의에 반대하여 인조의 미움을 받아 부여로 유배되었으나, 이듬해 풀려났다.

1636년 병자호란 때 임금을 따라 남한산성에 들어가 독전어사(督戰御史)가 되고, 이듬해 환도하여 병조 좌랑이 되었다. 1642년 지제교에 선임되고, 이듬해 부교리, 수찬을 지냈으며, 그 이듬해 헌납, 이조 좌랑을 역임하였다. 1646년 다시 헌납이 되었으나 1636년의 중시별과가 파방되는 사건이 발생, 당시의 참시관(參試官)으로서 책임을 물어 파직되었다. 1647년 집의가 되고, 뒤에 춘추관 편수관으로『인조실록』편찬에 참여하였다.

1651년(효종 2) 사은사(謝恩使)의 서장관으로 북경에 다녀와 보덕을 거쳐 승지가 되었다. 이듬해 충청감사를 거쳐 1653년 정신옹주(貞愼翁主 : 선조의 딸)의 예장(禮葬) 때 역군가(役軍價)문제로 정배되고, 이듬해 풀려나 승지가 되었다. 1655년 대사간이 되어 일본에 통신사로 다녀오고, 1657년 도승지, 대사간이 되었다. 그 뒤 1659년 동지성균관사(同知成均館事)로 성균관 좨주 송준길(宋浚吉)과 사학규제(四學規制)를 마련하였으며, 예조 참판이 되었다. 이듬해 경기 감사로 나갔다가 돌아와 형조 판서가 되고, 1661년(현종 2) 공조 판서, 대사헌, 예조 판서가 되었다. 이때 형조 판서 재직시 이갑남(李甲男)의 죄를 잘못 처리하였다 하여 평산 금암역(金巖驛)으로 귀양갔다.

1663년 동지사(冬至使)로 청나라에 갔다가 이듬해 돌아와 판윤이 되었다. 이때 동대문 밖 금산(禁山)의 소나무 남벌사건에 관련되어 고신(告身)을 박탈당하였다. 1665년 지의금부사, 우참찬을 거쳐 이듬해 공조 판서를 지낸 뒤 1668년 좌참찬이 되었다. 1669년 평안도 외방별시의 시관이 되고, 이듬해 좌참찬, 1673년 예조 판서로서 판의금부사를 겸하다가 다시 좌참찬을 거쳐 예조 판서에 이르렀다.

1674년 인선왕후(仁宣王后)의 상에 대공설(大功說)을 주장하여 양주로 귀양갔다가 이듬해 풀려나 기로소(耆老所)에 들었다.

시호는 충정(忠貞)이다.

조성보(趙聖輔)

자는 사준(士俊).

조선조에 관찰사(觀察使)를 역임하였다.

조복양(趙復陽)

1609년(광해군 1)~1671년(현종 12). 조선 후기의 문신. 자는 중초(仲初). 호는 송곡(松谷). 좌의정 조익(趙翼)의 아들, 김상헌(金尙憲)의 문인.

1633년(인조 11) 사마시에 합격하고, 1638년 정시문과에 병과로 급제한 뒤 검열을 거쳐 지평 등을 역임하였다. 1641년 정언으로 있을 때 인조의 아우인 능원대군(綾原大君) 집 객청(客廳)의 조급(造給)에 반대하다가 체직되었으나 조석윤(趙錫胤)의 신구(伸救)로 다시 정언에 임명되었다. 이후 헌납, 교리를 지냈다.

1649년(효종 즉위년) 지평을 거쳐 부교리가 되었는데, 붕당의 폐를 주장하다가 오히려 원두표(元斗杓)의 당으로 지목되어 왕의 미움을 샀으나 조석윤 등의 신구로 무사하였다. 1651년(효종 2) 그의 아버지 조익이 쓴 윤방(尹昉)의 시장(諡狀) 문제로 금부(禁府)에 구수(拘囚)되었으나 곧 풀려났으며, 벼슬에는 나가지 못하였다. 1653년 헌납으로 복직된 뒤, 부교리, 이조 정랑을 역임하고 집의가 되었다. 그러나 사적인 감정으로 사천(史薦)을 마음대로 막았다고 하여 파직되었다가 또다시 조석윤의 파직 환수 주장에 의하여 종성 부사로 밀려났다. 그 뒤 서원리(徐元履) 등의 적극적인 주장으로 다시 겸보덕으로 돌아와 집의, 겸필선, 사간, 응교를 역임하였다.

1657년 시강관(侍講官)으로 궁중음악의 타락을 지적, 고악(古樂)을 본받아 이를 시정할 것을 주장하고, 악장옥책교문(樂章玉冊敎文)을 지었다. 이듬해 응교로서 서필원(徐必遠)의 축창(蓄娼)을 비방하다가 효종의 미움을 샀으나 송준길(宋浚吉)의 신구로 다시 부응교가 된 뒤 1659년 이조 참의가 되었다. 현종이 즉위하면서 적극적인 진휼정책의 이행을 주장하였고, 1660년(현종 1)에는 대사성, 이듬해에는 대사간으로 별도로 설치된 진휼청당상(賑恤廳堂上)이 되어 구황(救荒)에 힘썼다.

그 뒤 부제학, 예조 참판, 병조 참판, 동지성균관사, 강화 유수를 역임하고 여러 차례 대사성을 지낸 뒤 원자(元子)의 보양관(輔養官)이 되었다. 1668년에는 예조 판서로 대제학을 겸하여 정시(庭試)를 총괄하였으나, 과거의 시제(試題)가 같은 것을 두 번 출제한 실수로 이듬해에 파직되었다가 곧 형조 판서로 돌아왔다. 그 뒤 우참찬, 대제학, 이조 판서, 예조 판서를 역임하였다.

광주(廣州)의 명고서원(明皐書院)에 제향되었고, 저서로『송곡집』이 있다. 시호는 문간(文簡)이다.

조상우(趙相愚)

1640년(인조 18)~1718년(숙종 44). 조선 후기의 문신. 자는 자직(子直). 호는 동강(東岡). 시호는 효헌(孝憲). 이경석(李景奭), 송준길(宋浚吉)의 문인.

1657년(효종 8) 사마시(司馬試)에 합격, 천거로 세자익위사세마(世子翊衛司洗馬), 연천 현감(漣川縣監) 등을 지내고, 1675년(숙종 1) 스승 송준길이 삭직당하자 홍득우(洪得雨)와 함께 이를 반대하는 소(疏)를 올렸다가 남평(南平 : 전남 나주)에 유배되었다. 이듬해 풀려나와 호조 좌랑, 태인 현감(泰仁縣監)을 지내고, 1683년(숙종 9) 증광문과(增廣文科)에 을과로 급제, 이듬해 지평(持平)을 거쳐 대사간, 대사성, 개성 유수(開城留守) 등을 역임하였다. 1711년(숙종 37) 우의정이 되어 세제(稅制)의 폐단을 시정했으며, 중추부 판사(中樞府判事)에 이르렀다.

경사(經史)에 밝고 글씨와 그림에 뛰어났다. 남평(南平 : 전남 나주)의 용강사(龍岡祠)에 제향되었으며, 글씨에 회덕(懷德)에 있는 「충현서원사적비(忠賢書院事蹟碑)」가 있다.

조석명(趙錫命)

1674년(현종 15)~1753년(영조 29). 조선 후기의 문신. 자는 백승(伯承). 호는 묵소(墨沼). 조상정(趙相鼎)의 손자, 조대수(趙大壽)의 아들, 어머니는 영의정 서문중(徐文重)의 딸.

1707년(숙종 33) 별시문과에 병과로 급제하였다. 홍문관을 포함하여 삼사의 관직을 두루 역임한 뒤, 1728년(영조 4) 대사간에 임용되자 바로 수령들의 지난 잘못을 일일이 밝혀 처벌할 것을 상소하였다.

형조 판서를 지냈고, 판돈녕부사에 이르렀다.

조익명(趙翼命)

1677년(숙종 3)~1744년(영조 20). 조선 후기의 문신. 자는 사필(士弼).

1705년(숙종 31) 별시문과에 을과로 급제, 정언을 거쳐 지평이 되었다. 왜구의 침입에 대비하여 해안수령은 무신으로 하고 변장들에게 관비를 넉넉하게 지급하여 방군수포(放軍收布)의 폐를 막도록 상소하였다. 1711년 문학, 1714년 다시 정언이 된 후 주로 3사의 언관을 역임하다가 1724년에는 사간에 올랐다. 영조가 즉위하자 노론 4대신의 옥사(獄事) 때 이를 제지하지 못한 책임을 지고 파직당하였다. 1727년 복직되어 보덕(輔德)이 되었고, 1729년 동지사로 청나라에 다녀와 대사간이 되었다.

조상경(趙尙慶)

자는 자여(子餘). 호는 하곡(霞谷).

조선조에 대사간(大司諫)을 역임하였다.

조대수(趙大壽)

자는 덕이(德而). 호는 지와(止窩).

조선조에 예빈시 정(禮賓寺正)을 지냈다.

조인수(趙仁壽)

자는 백정(伯靜). 호는 백분당(白賁堂).
조선조에 의금부 도사(義禁府都事)를 지냈다.

조지겸(趙持謙)

1639년(인조 17)~1685년(숙종 11). 조선 후기의 문신. 자는 광보(光甫). 호는 우재(迂齋). 광주(廣州) 출신. 좌의정 조익(趙翼)의 손자, 이조 판서 복양(復陽)의 아들.

1663년(현종 4)진사가 되고, 1670년 별시문과에 을과로 급제하였다. 대교, 설서, 이조 좌랑, 사간, 응교, 승지, 대사성, 부제학, 형조 참의 등을 두루 역임하였고, 외직으로는 1681년(숙종 7) 고성 군수, 1685년 경상도 관찰사를 지냈다.

명가에서 태어나 문재가 있었고 처신에 청약(淸約)하여 인망이 두터웠다. 오시수(吳始壽)의 옥사 때 김수항(金壽恒)에게 오시수를 변호하다가 힐책을 당한 뒤, 김익훈(金益勳)의 남인모반사건 조작을 계기로 하여 민정중(閔鼎重), 김석주(金錫胄)와의 불화로 더욱 입장이 난처하였다.

승지로 있을 때 왕의 명으로 송시열(宋時烈)을 찾아가 김익훈이 남인 허새(許璽), 허영(許瑛)을 이용, 반역을 꾀하게 한 사실을 알리고 일단 송시열의 동의를 구하였으나, 송시열이 그 뒤 김석주 등의 말을 듣고 김익훈을 비호하게 되자 송시열까지 의심을 하게 되었다. 이 일로 한태동(韓泰東), 유득일(兪得一), 박태유(朴泰維) 등과 더욱 정론(政論)이 가까워지게 되었다. 이 사건을 둘러싸고 올린 여러 소에서 박세채(朴世采), 박태손(朴泰孫) 등을 비호하여 자신의 입장을 견지하였다.

아버지 조복양이 어려서부터 윤순거(尹舜擧) 형제와 교우하였고, 특히 윤선거(尹宣擧)와는 친분이 두터워 윤선거의 상에 복(服)을 입었던 사이여서 윤선거의 아들 증(拯)과 우의가 두터웠다. 이러한 연유로 인하여 소론의 거두 중 일인이 되었다. 당시 송시열을 지지하였던 김수흥(金壽興), 김수항, 민정중, 민유중(閔維重), 김석주, 김익훈 등이 노론이 되었고, 박세채, 윤증을 지지하던 한태동, 박태보(朴泰輔), 오도일(吳道一), 최석정(崔錫鼎), 박태손 등이 소론이 되었다.

그의 문집인 『오재집』에는 「선부군언행총략(先府君言行總略)」과 「백씨행장(伯氏行狀)」이 실려 있어 조복양과 조지형(趙持衡)의 인물을 이해하는 데 도움이 된다.

한편 같은 문집에는 고산찰방으로 있을 때 올린 글 「고산찰방시공사(高山察訪時供辭)」가 있어 당시 마정(馬政)의 문제점 및 그 내용과 역승제도(驛乘制度)를 이해하는 데 도움을 준다. 교우로는 윤지선(尹趾善), 최석정 등이 있으며, 문하생으로 권구(權絿) 등이 있다. 그밖에 오도일, 한태동, 남구만(南九萬) 등과도 교유하였는데, 경상도 관찰사로 있을 때 죽었다. 이조 판서에 추증, 광주(廣州)의 명고서원(明皐書院), 고성(高城)의 향사(鄕祠)에 제향되었다. 저서로는 『우재집(迂齋集)』이 있고, 편서로 『송곡연보(松谷年譜)』가 있다.

풍양조씨(豊壤趙氏)

조지겸의 시(詩)

일찍 초가 문 닫고 혼자 침상에 의지해 있으니 (早閉蓬門獨倚床)
가난한 가운데 한해가 저물어 더욱 쓸쓸하구나. (窮居歲晚轉凄涼)
아이종은 낙엽을 주어다가 허물어진 부엌에 불 때고 (僮收落葉燃頹竈)
아내는 초라한 등불 앞에 앉아 헤진 치마를 깁네. (妻向寒燈紉弊裳)
고상하게 살기 위한 계획이 얼마나 졸렬한 것인가? (歷落身謀何太拙)
스산한 밭떼기는 이미 모두 묵어버렸네. (蕭條田畝已全荒)
마음 아픈 것은 열 식구가 끼니를 이을 곳이 없는 것, (傷心十口餬無處)
귀 기울이니 빈 물가 섬에는 서리 맞은 기러기 부르짖네. (側聽空洲雁叫霜)

투구행(鬪狗行)

개떼들 친하게 지낼 때에는 (衆狗若相親)
꼬리 흔들며 어울려 다니지만 (搖尾共行止)
누군가가 썩은 뼈다귀 하나 던져주면 (誰將朽骨投)
한 마리 두 마리 일어나 우루루 달려가 (一狗起衆狗起)
이빨 드러내고 으르릉 먹이 다투어 (其聲猖猖猕吽牙)
큰 놈은 다치고 작은 놈은 물려 죽지. (大傷小死何紛紛)
그래서 추우를 참 고귀하다 하는 거야. (所以貴騶虞)
구름 위에 높이 누워 유유자적하니까. (高臥天上雲)

시조(時調)

바람에 지는 꽃을 가엾어 세다보니
새 한 마리 가지 끝에 서럽다 울고 있고
산벌은 꽃잎을 안고 담 너머로 날아간다.

조상건(趙尙健)

자는 자이(子以).

풍양조씨(豊壤趙氏)

조선조에 이조 정랑(吏曹正郞)을 지냈다.

조최수(趙最壽)

자는 계량(季良). 호는 죽천(竹泉).

조선조에 지돈녕부사(知敦寧府事)를 지냈다.

조성복(趙聖復)

1681년(숙종 7)~1723년(경종 3). 조선 후기의 문신. 자는 사극(士克). 호는 퇴수재(退修齋). 감역 조시채(趙始采)의 아들.

1702년(숙종 28) 별시문과에 병과로 급제, 지평, 정언을 지냈다. 1716년 지평으로 있으면서 윤선거(尹宣擧)의 선정(先正) 칭호를 금할 것을 청하였고, 이후 장령, 헌납을 지내고, 1721년(경종 1) 집의로서 양역(良役)의 폐단을 논하는 소를 올렸다. 같은 해 헌납이 되어 윤선거의 유집(遺集)에 잘못된 문자가 있으니 훼판할 것을 청하였다.

그 해에 다시 집의가 되어 경종에게 세제(世弟 : 영조)의 대리청정(代理聽政)을 요구하는 소를 올려 노론의 지지를 받아 그 결정을 보았으나, 소론측이 무군부도(無君不道)의 죄로 몰아 의금부에서 배후를 캐는 국문을 받고 다음해 정의(旌義)에 위리안치(圍籬安置)되었다. 이 대리청정 문제는 신임사화를 일으키는 원인이 되었다.

1723년 다시 잡혀 올라와 옥중에서 음독 자살하였다. 신임사

풍양조씨(豐壤趙氏)

화 때 삼학사(三學士)의 한 사람으로 일컬어지고 있다. 영조 즉위 후 이조 판서로 추증되고, 시호는 충간(忠簡)이다.

조구명(趙龜命)

자는 석여(錫汝) 또는 보여(寶汝). 호는 동계(東谿).

1711년(숙종 37) 생원이 되고, 1722년(경종 2) 참봉에 임명되었으나 모두 사양하고 뒤에 세자익위사에 들어가 시직, 익위를 잠시 지냈다. 성리학에 밝고 문장에 뛰어났다.

저서에 『동계집(東谿集)』이 있다.

조상명(趙尙命)

자는 사휴(士休).

조선조에 대사간(大司諫)을 지냈다.

조문명(趙文命)

1680년(숙종 6)~1732년(영조 8). 조선 후기의 문신. 자는 숙장(叔章). 호는 학암(鶴巖). 도사(都事) 조인수(趙仁壽)의 아들.

1705년(숙종 31) 생원시에 합격하고 1713년 증광문과에 병과로 급제, 검열이 되었으며, 1721년(경종 1) 수찬을 거쳐 부교리가 되어 붕당의 폐해를 통렬히 논하였고, 문학(文學)으로 옮겨 마침 왕세제로 책봉된 연잉군(延礽君 : 뒤의 영조)의 보호에 힘쓰면서 김일경(金一鏡) 중심의 소론 과격파(峻少)에 대립하였다.

풍양조씨(豊壤趙氏)

　1724년 영조가 즉위하자 지평으로 발탁되어 겸동학 교수(兼東學敎授), 세자시강원 겸보덕(世子侍講院兼輔德)을 지냈으며, 다음해 서장관(書狀官)으로 청나라에 다녀온 뒤 동부승지에 승진되어 파붕당(破朋黨)의 설을 제창하다가 민진원(閔鎭遠)의 배척을 받았다. 이어 1727년(영조 3) 정미환국으로 소론이 재진출하면서 이조 참의에 특별히 임명되었고, 그해 딸이 왕세자(영조의 제1자, 사후에 孝章世子라 불림)의 빈(嬪)이 되자 호조 참판과 도승지에 올라 수어사, 어영대장을 겸하였으며, 이듬해 이인좌(李麟佐)의 난 진압에 공이 있다 하여 수충갈성결기효력분무공신(輸忠竭誠決機效力奮武功臣) 2등에 녹훈, 풍릉군(豊陵君)에 책봉되고 병조 판서가 되었다. 이에 이조참판 송인명(宋寅明)과 함께 탕평론을 재천명하였고, 이후 대제학, 이조 판서를 거쳐 1730년 우의정에 발탁되고 『경종실록』 총재관(總裁官)으로서 이를 완성, 좌의정에까지 이르렀다.

　본래 소론 가문 출신이었지만 당쟁의 폐를 걱정하여 붕당의 타파와 공평무사한 탕평의 실현을 위하여 억강부약(抑强扶弱)과 시비절충(是非折衷), 쌍거호대(雙擧互對)를 그 실천방안으로 제시하였으며, 온건론자 중심의 노, 소 연립정권을 구축하는 데 주력, 노, 소론의 준론자(峻論者)들로부터 세상 사람을 속이고 우롱한다는 배척까지 받았지만 영조초의 소론계의 반란(李麟佐의 亂)과 계속되는 역모적발로 불안하였던 왕권의 안정과 확립에 일정한 기여를 하였다. 또한 노비종부법(奴婢從父法)의 폐지, 조운수로(漕運水路)의 편의를 위한 안흥목의 개척, 주전(鑄錢)

의 필요성 역설 등과 같이 민생문제에도 큰 관심을 보였다.

소론이면서도 노론계 명사와 널리 교유하였으며, 특히 송인명, 김재로(金在魯) 등과 매우 친밀하였다. 후일 영조 묘정(廟庭)에 배향되었다. 글씨에 능하여 청주 삼충사사적비(三忠祠事蹟碑), 북백곽재우묘표(北伯郭再祐墓表) 등이 전하고, 『학암집』 4책이 남아 있다. 시호는 문충(文忠)이다.

조현명(趙顯命)

1690년(숙종 16)~1752년(영조 28). 조선 후기의 문신. 자는 치회(稚晦). 호는 귀록(歸鹿) 또는 녹옹(鹿翁). 시호는 충효(忠孝).

1713년(숙종 39) 진사시(進士試)에 합격하고, 1719년 증광문과(增廣文科)에 병과로 급제해 검열(檢閱)이 되고, 용강 현령(龍岡縣令), 지평(持平) 등을 거쳐, 1728년(영조 4) 이인좌(李麟佐)의 난 때 도순무사(都巡撫使) 오명항(吳命恒)의 휘하에서 종사관(從事官)으로 공을 세워, 분무공신(奮武功臣) 3등에 책록되고, 풍원군(豊原君)에 봉해졌다. 그 해 부제학이 되고, 의금부동지사(義禁府同知事), 도승지를 거쳐, 1731년 경상도 관찰사로 나갔다. 이듬해 쓰시마섬[對馬島]의 화재로 조정에서 쌀을 보내려 하자 반대하여 파직되고, 1733년 전라도 관찰사에 기용된 뒤 총융사(摠戎使), 공조 참판을 지냈다. 1736년 이조 판서가 되고, 예조 판서로 전임하여 형정(刑政)의 불공평을 상소하다가 파직되었으며, 1738년 복직되어 한성부 판윤, 공조 판서 등을 역임한 뒤 1740년 우의정에 올랐다. 1743년 문안사(問安使)로 청나라에 다녀오고, 1746년 돈녕부 영사(敦寧府領事)를 거쳐 재차 우의정이 되고, 1749년 진하 겸 사은사(進賀兼謝恩使)로 청나라에 다녀온 뒤 이듬해 영의정에 올랐다.

노론이면서도 탕평책(蕩平策)을 지지했으며, 효행으로 정문(旌門)이 세워졌다. 시조 1수가 『해동가요(海東歌謠)』에 전한다. 문집에 『귀록집』이 있다.

조현명의 시조(時調)

헌 삿갓 자른 되롱 갑 짚고 호미 메고
논둑에 물 보리라 밭기음이 어떻더니
아마도 박장기 보리술이 틈 없은가 하노라

※ 헌 삿갓 쓰고 짧은 도롱이를 두르고 삽을 짚고 호미를 메고, 논둑에 물도 보고 밭에 난 잡풀은 얼마나 자랐던고, 아마도 박쪽으로 만든 장기나 보리로 빚은 술이 틈 없은가 하노라.

조상경(趙尙絅)

1681년(숙종 7)~1746년(영조 22). 조선 후기의 문신. 자는 자장(子章). 호는 학당(鶴塘). 풍안군 조흡(趙噏)의 증손으로, 돈녕부 도정 조도보(趙道輔)의 아들. 김창협(金昌協)의 문인.

1708년(숙종 34) 사마시를 거쳐 1710년 증광문과에 병과로 급제, 1713년 이후 정언, 지평을 지내고, 1717년 충청좌도 암행어사로 다녀와 다시 지평, 정언, 수찬, 교리, 헌납 등을 역임하였다.

1720년 경종즉위 후 대사간, 승지, 이조 참의 등을 거쳐, 1722년 신임사화 때 노론계열이라 하여 안주에 유배되었다가 아산에 이배되었다.

1725년(영조 1) 풀려나서 다음해 함경도 관찰사로 부임하고, 북관군병(北關軍兵)에 조총을 복습하게 하였다. 1727년 정미환국으로 노론인 정호(鄭澔), 민진원(閔鎭遠) 등이 탄핵당하자 이를 변호하다 파직되었다. 1729년 다시 기용되어 한성부 좌윤, 대사헌, 경기 관찰사, 이조 참판을 역임하였고, 1731년 사은 겸 동지부사(謝恩兼冬至副使)로 청나라에 건너가 『명사조선열전(明史朝鮮列傳)』을 가지고 돌아왔다. 이듬해 가자되어 이조 판서에 오르고 이어 형조 판서, 공조 판서, 우참찬을 역임하였으며, 1734년 한성부 판윤, 병조 판서에 이르러 군관치사문제(軍官致死問題)로 파직되었다. 1736년 다시 기용되어 이조판서, 수어사(守禦使), 병조 판서로 판의금부사를 겸하였고, 각 판서를 두루 거쳐 판돈녕부사, 한성부 판윤을 끝으로 세상을 떠났다.

공신의 후예이며 노론의 중심 인물이다. 시호는 경헌(景獻)이다.

조 돈(趙 暾)

1716년(숙종 42)~1790년(정조 14). 조선 후기의 문신. 자는 광서(光瑞). 호는 죽석(竹石). 이조 판서 조상경(趙尚絅)의 아들, 어머니는 이정태(李廷泰)의 딸.

1740년(영조 16)에 유학으로 증광문과에 병과로 급제, 설서, 정언을 거쳐 홍문록에 오르고, 부수찬, 수찬, 교리, 헌납, 집의를 역임하였다. 1750년에 북평사에 제수되었으나 부임하지 않아 정배되었다가 부응교, 사간, 책례도감 낭청(冊禮都監郎廳), 보덕, 승지, 대사간을 거쳐, 1756년 충청도관찰사로서 도내 수령들에게 진사(賑事)가 방장(方張)하다고 부시(赴試)할 여가를 주지 않아 포상을 받기도 하였다. 참의, 좌윤, 내국부 제조(內局副提調), 경기도 관찰사를 거쳐 예조 참판 때 임금이 경현당(景賢堂)에서 10년 만에 행하는 상참(常參)에 제신(諸臣)이 마땅히 용동(聳動)하여야 하나 이목(耳目)의 관(官)은 겨우 일원(一員)이 갖추어져 신분(臣分)이 한심하고, 응참인원(應參人員)이 서진(書進)을 하지 않으니 사체(事體)가 한심하다고 하여 파직되었다.

1761년에 순흥 부사에 특보(特補)되고 개성 유수를 역임하였는데, 당시 사신(史臣)이 봉공(奉公)에 확실하고 진취(進取)에 침착하여 식자(識者)들이 현명하게 여겼다고 평하였다. 한성 우윤, 함경 감사, 대사헌을 거쳐 1764년에 경과(慶科)의 입시망자(入試望者)로서 응하지 않아 위령(違令)하였다는 죄명으로 제학(提學) 윤급(尹汲)과 함께 호역(湖驛)에 유배되고, 그뒤 이천 부사로서 폄출(貶黜)되었다.

경상 감사를 거쳐 이조판서로서 걸휴(乞休)하기를 진소(陳疏)하였으나 숙명(肅命) 후에 향로(鄕路)를 찾았다는 이유로 의금부 하옥의 명을 받았다가 갑자기 제천현에 부처(付處)되었다.

판윤을 거쳐 1771년에 나이가 차지 않았음에도 불구하고 여러 차례 걸해(乞骸)를 청하자 영조가 비로소 봉조하(奉朝賀)를 허여(許與)하고 '경심금수여의창연(卿心今遂予意悵然)'이라는 8자를 친제(親製)하여 하사함으로써 치사(致仕)를 허락받아 양주 천죽리(川竹里)에 퇴거하였다.

사후에 정조는 특별히 영중추(領中樞)를 증직하고 아들 중에서 관직에 있는 자는 결복(闋服)을 기다려 자세히 기록함으로써 조가기념(朝家記念)의 뜻을 보이도록 하라고 명하였다. 두 동생 조엄(趙曮)과 조정(趙晸)도 모두 현달(縣達)하였다.

1799년 숙헌(肅憲)으로 증시(贈諡)되었다.

조 엄(趙 曮)

1719년(숙종 45)~1777년(정조 1). 조선 후기의 문신. 자는 명서(明瑞). 호는 영호(永湖). 시호는 문익(文翼). 이조판서 상경(商絅)의 아들.

1738년(영조 14) 생원시(生員試)에 합격하고, 음보(蔭補)로 내시교관(內侍敎官), 세자익위사 시직(世子翊衛司侍直)을 지낸 뒤 1752년 정시문과(庭試文科)에 을과로 급제하여 다음해 정언(正言)이 되었다. 1757년 교리(校理), 동래 부사(東萊府使)를 거쳐 충청도 암행어사(暗行御史)로 나갔다. 1760년 창원마산창(昌原馬山倉), 진주가산창(晉州駕山倉), 밀양삼랑창(密陽三浪倉) 등 조창(漕倉) 3개의 증설을 건의하여, 세곡수송(稅穀輸送)의 폐해를 시정하여 민폐를 줄이고, 공물(貢物)의 수납을 공정하게 하여 국고(國庫)의 안정을 기하였다.

이어 대사헌, 부제학, 예조 참의를 지내고, 1763년 통신사로 일본에 갔을 때 고구마 종자를 가지고 와서 동래(東萊)와 제주도(濟州島)에 재배하게 하여 최초로 고구마 재배를 실현하였다. 이어 의금부지사(義禁府知事), 이조 판서, 제학 등을 거쳐 평안도 관찰사 때 무고를 받아 파직되고, 뒤에 혐의가 풀려 재차 대사간, 이조 판서를 지냈다. 1777년(정조 1) 홍국영(洪國榮) 일파의 무고로 평북 위원(渭原)에 유배되어 있던 중 아들의 직소(直訴)로 김해(金海)에 이배(移配)되었으나 병사하였다.

영조를 도와 산업의 발전과 건전한 재정을 위해 많은 업적을 남기고, 문장에도 뛰어났다. 저서에『해사일기(海日記)』,『해행총재(海行摠載)』등이 있다.

조재준(趙載俊)

자는 도경(道卿).

조선조에 판서(判書)를 지냈다.

조 환(趙 瑍)

자는 군서(君瑞). 호는 각미(覺迷). 시호는 효정(孝貞).

1769년(영조 45) 2차 정시문과에 병과로 급제하고, 승지로서 다시 1774년(영조 50) 등준시에 병과로 급제, 벼슬이 예조 판서에 이르렀다.

조만원(趙萬元)

1762년(영조 38)~1822년(순조 22). 조선 후기의 문신. 자는 태시(泰始). 소론의 영수 조지겸(趙持謙)의 6세손, 부사 조상존(趙象存)의 아들.

1790년(정조 14) 향시에서 수석을 하였으나, 호적이 누락되어 있어 제적되자 정조의 특명으로 부내에 집을 지었다. 2년 뒤 정조가 화성에 거둥하면서 친히 베푼 시험에 뽑혀 진사가 되고, 1794년 정시문과에 병과로 급제하여 승문원 기주관으로 관직생활을 시작하면서 한림회권(翰林會圈)에 뽑히고 규장각 초계문신에 선발되는 등 정조의 특별한 배려를 받았다. 이후 부교리, 정언, 지평 및 이조, 병조 낭관을 거쳤고, 초계시(抄啓試)에서 세번 수석을 하여 4품에 오른 뒤 부안 현령이 되었다.

1802년(순조 2) 승정원 승지, 대사간, 이조 참의, 형조 참의, 자산부사가 되었고, 1809년 이후 이조, 호조, 예조, 병조, 형조의 참판을 거쳤으며, 1818년에 부사로서 연경에 다녀오기도 하였다. 다음해 대사성을 거쳐 강화 유수가 되어서는 세금감면, 향약실시에 노력하였고, 1821년에 형조판서 겸 예문관 제학이 되었으며, 동지정사(冬至正使)로서 다시 연경에 다녀왔다. 다음해 한성 판윤 겸 지경연사(漢城判尹兼知經筵事)로 재직 중 사망하였다.

성격이 밝으면서 부드럽고 깊이가 있다는 평을 받았다. 독서에 전념하였고 안분순명(安分順命)을 규범으로 삼아 생활하였다. 시호는 문정(文靖)이다.

조경명(趙景命)

1674년(현종 15)~1726년(영조 2). 조선 후기의 문신. 자는 군석(君錫). 호는 귀락정(歸樂亭). 도사 조인수(趙仁壽)의 아들, 좌의정 조문명(趙文命)과 영의정 조현명(趙顯命)의 형.

1702년(숙종 28) 진사시에 합격하여 음보(蔭補)로 현감이 되었으며, 1722년(경종 2) 49세의 나이로 정시문과에 장원으로 급제하였다. 이때 그의 사위도 함께 급제하여 옹서동방(翁婿同榜)으로 특기(特記)되었고, 또 이미 자궁(資窮)이었으므로 통정대부의 품계를 받고 승지로 발탁되어 경종의 총애를 받았다. 1725년(영조 1) 대사간에 승진하여 활발한 언론활동을 전개하다가 이듬해 죽었다.

조홍진(趙弘鎭)

자는 관보(寬甫). 호는 창암(愴巖).
조선조에 판서(判書)를 지냈다.

조한위(趙漢緯)

자는 공서(公西). 호는 만운(晚雲).
조선조에 대사간(大司諫)을 지냈다.

풍양조씨(豐壤趙氏)

조진택(趙鎭宅)

생몰년 미상. 조선 후기의 문신. 호는 봉호(蓬壺). 이조 참의 조정(趙晸)의 아들, 어머니는 전주유씨(全州柳氏)로 판서 복명(復明)의 딸.

1773년(영조 49) 증광문과에 병과로 급제하여 정자에 임명되었다. 그 뒤 사간원 정언을 거쳐 1780년(정조 4) 홍문관 교리가 되어 옥당(玉堂)에 들어갔고, 그 후 동부승지, 좌부승지 등을 지내고 경상도 관찰사가 되었다. 한때 암행어사가 되어 경기도 장단, 김천, 수원 등지의 민정을 조사, 보고한 일이 있다.

김인후(金麟厚)의 문묘종사를 주장하였고, 붕당의 폐해를 지적하여 시정을 건의하기도 하였다. 예학에 밝았으며, 풍수지리에도 관심이 있었다. 문장에 능하여, 금강산을 구경하고 쓴 기행문은 특히 사실적인 묘사가 뛰어난 작품으로 평가된다.

저서로는 『봉호유고』 3책이 있다

조 정(趙 晸)

자는 인서(寅瑞). 호는 내호(來湖).
조선조에 대사성(大司成)을 지냈다.

조재호(趙載浩)

1702년(숙종 28)~1762년(영조 38). 조선 후기의 문신. 자는 경대(景大). 호는 손재(損齋). 효순왕후(孝純王后)의 오빠.

학문이 뛰어나 1739년(영조 15) 우의정 송인명(宋寅明)의 천거로 세자시강원(世子侍講院)에 등용되어 서연(書筵)에 참석했다. 44년 홍산 현감(鴻山縣監) 때 춘당대문과(春塘臺文科)에 병과로 급제한 뒤 승지에 특진되고, 돈녕부 지사(敦寧府知事), 경상도 관찰사를 거쳐 1752년 이조 판서 겸 우빈객(右賓客)이 되었다. 그때 이광좌(李光佐)를 탄핵하여 소론의 배척을 받았으며, 1754년 우의정에 승진했다. 1755년 『천의소감(闡義昭鑑)』 편찬의 도제조(都提調)가 되고, 1759년 계비(繼妃) 책립을 반대, 임천(林川 : 부여)에 부처(付處)되었다가 이듬해 풀려났다. 1762년 장헌세자(莊獻世子)를 구하려고 상경했으나 오히려 홍봉한(洪鳳漢) 등의 무고로 종성(鐘城)에 안치, 사사(賜死)되었으며, 1775년 신원(伸寃)되었다.

조원명(趙遠命)

1675년(숙종 1)~1749년(영조 25). 조선 후기의 문신. 자는 치경(致卿). 아버지는 직장 조기수(趙祺壽), 어머니는 종실(宗室) 인평대군(麟坪大君)의 딸.

1702년(숙종 28) 사마시를 거쳐 1710년 증광문과에 을과로 급제, 설서, 용강 현령(龍岡縣令)을 거쳐 정언에 올라 그해에 일어난 과옥(科獄)의 재심(再審)을 강력하게 청하다 삭탈 관직되었다. 그러나 곧 간관에 복직되었으며, 이어 홍문록(弘文錄)에 선발되었으나 격식에 어긋났다 하여 삭제되었다.

1720년 경종 즉위 후 지평, 부수찬, 헌납, 교리, 사인, 부응교, 집의, 사간 등에 제수되었으나 거의 나아가지 않았다. 1724년 영조가 즉위한 뒤 부응교를 지내고 다음해 동부승지, 이조 참의가 되었으나 노론의 집권으로 파직되었다. 1727년 정미환국으로 소론이 다시 집권하자 이조 참의, 부제학, 승지, 대사성을 역임하고, 1728년 개성 유수 때 왕씨 능침(陵寢)의 수호를 명받았고, 대흥산성(大興山城) 수비의 소를 올려 시행하게 하였으며, 기근이 들자 녹봉을 기민 진구(賑救)에 내놓아 송덕비(頌德碑)가 세워졌다.

이어 공조 참의가 되어서는 양역법(良役法)의 개정과 균역법(均役法)의 실시에 힘썼다. 그 뒤 대사헌, 부제학 등을 두루 지낸 뒤 1733년 함경도관찰사로 전임되자 전삼(田蔘)의 폐해를 고치는 등 선정을 베풀었고, 이어 승지, 이조 참판, 예조 참판을 지내고 평안도 관찰사가 되어서는 이도확립(吏道確立)과 재정의 충실을 기하였으며, 함흥의 10리나 되는 만세교(萬歲橋)의 보수를 위하여 기본자산을 설치하기도 하였다.

1740년 이후 공조 참판, 부총관, 동지경연사의 벼슬을 거쳐 병으로 사임하였다. 1744년 나이 70에 자헌대부에 가자되고 기로소(耆老所)에 들어갔으며, 한성부 판윤, 동지성균관사, 지중추부사, 공조 판서를 역임하고, 1749년 정헌대부로 의정부 좌참찬을 지냈다.

평생 50년을 조정에 봉직하였으나 사사로움이 없었으며, 평양 감사를 지냈으면서도 돌아오는 행장은 타고 나선 말 한 필뿐이었다고 한다. 시호는 정간(貞簡)이다.

조유수(趙裕壽)

1663년(현종 4)~1741년(영조 17). 조선 후기의 문신. 자는 의중(毅仲). 호는 후계(後溪).

1683년(숙종 9) 생원시(生員試)에 합격, 1688년 유생(儒生)으로서 박세채(朴世采)의 신원(伸寃)을 상소하였고, 1694년 천거되어 희릉 참봉(禧陵參奉)을 역임했다. 이어 장흥고 주부(長興庫主簿), 연풍 현감(延豊縣監), 옥천 군수(沃川郡守), 회양 부사(淮陽府使) 등을 거쳤으며 장악원 정(掌樂院正), 무주 부사(茂朱府使) 등을 지냈다. 1732년(영조 8) 아들 적명(迪命)이 참판이 되자 통정대부(通政大夫)에 올랐고 돈녕부 도정(敦寧府都正), 오위장(五衛將)을 거쳐 판결사(判決事)에 이르렀다.

시(詩)에도 뛰어났으며, 문집에 『후계집』이 있다.

조재민(趙載敏)

자는 언신(言愼).

조선조에 승지(承旨)를 지냈다.

조재한(趙載翰)

자는 익여(翼如).

조선조에 승지(承旨)를 지냈다.

조진용(趙鎭容)

조선조에 승지(承旨)를 지냈다.

조성진(趙城鎭)

조선조에 대사간(大司諫)을 지냈다.

조준명(趙駿命)

1677년(숙종 3)~1732년(영조 8). 조선 후기의 문신. 자는 신여(愼汝).

사마시(司馬試)에 합격한 뒤 영소전 참봉(永昭殿參奉)이 되고, 세자익위사(世子翊衛司)의 시직(侍直), 호조 좌랑을 거쳐 함양 군수, 청풍 부사(淸風府使), 능주 목사(綾州牧使) 등을 지냈다. 1728년(영조 4) 청주 목사(淸州牧使)가 되어 이인좌(李麟佐)의 난 뒤의 청주(淸州)를 잘 다스려 기민(飢民) 9,000여 명을 구제하였고, 소송사건을 공정하게 처리하여 신망을 얻어 통정대부(通政大夫)에 올랐다.

글씨, 특히 전서(篆書), 주서(書), 팔분체(八分體)에 뛰어나고, 그림에도 능했다. 편저로는 『계방일록(桂坊日錄)』이 있다.

조재도(趙載道)

1725년(영조 1)~1749년(영조 25). 조선 후기의 학자. 자는 문지(文之).

문장에 능하여 9세 때 「채미론(採微論)」을 지었으며, 10세 때 조구명(趙龜命)으로부터 학문을 배웠다. 13세 때 경전에 통달하였으며, 내수(內修)를 위하여 금강산 등지로 돌아다니면서 불서(佛書)도 읽었다. 1747년 사마시에 합격하였으나 몸이 약하여 25세의 나이로 죽었다.

그의 학문은 입지위본(立志爲本)하고 치심위선(治心爲先)하였다고 하는데, 불교와 양명학, 성리학에 밝았다.

시문집으로 『인암유고(忍庵遺稿)』가 1781년(정조 5)에 간행되었는데, 시, 부(賦) 뿐만 아니라 성리학, 양명학, 불교에 대한 그의 철학적, 정치적인 견해가 수록되어 있다.

조천경(趙天經)

자는 군일(君一). 호는 역안당(易安堂).

1728년(영조 4) 과거를 보러 가던 도중 이인좌의 난이 일어나자 고향에 돌아와 의병소의 서기로 활약, 난이 평정된 후 특히 오위도총부 호군으로 발탁되고 자헌대부에 이르렀다. 경사에 밝았다. 저서에 『역안당문집(易安堂文集)』이 있다.

조 경(趙 璥)

1727년(영조 3)~1787년(정조 11). 조선 후기의 문신. 자는 경서(景瑞). 호는 하서(荷棲). 시호는 충정(忠定). 목사 조상기

(趙尙紀)의 아들.

1763년(영조 39) 증광문과(增廣文科)에 을과로 급제한 뒤 검열(檢閱)이 되고, 부제학, 대사성, 공조 참판, 실록청 당상관(實錄廳堂上官), 대사헌을 거쳐 함경도 관찰사 때 민폐를 없애고, 군무(軍務)를 충실하게 하여 명성을 떨쳤다. 이어 돈녕부 지사(敦寧府知事)가 되고, 형조 판서에 올라 경연지사(經筵知事), 홍문관 제학(弘文館提學), 도총관(都摠管)을 겸하였다. 1786년(정조 10) 우의정이 된 뒤 은언군(恩彦君) 인의 처벌을 수차 주장하여 파직되었다가 중추부판사(中樞府判事)로 다시 기용되었다.

문집으로 『하서집』이 있다.

조정진(趙鼎鎭)

1732년(영조 8)~1792년(정조 16). 조선 후기의 문신. 자는 사수(士受). 교리 조재덕(趙載德)의 아들.

1753년(영조 29) 사마시에 합격하여 1761년 명릉 참봉(明陵參奉)이 된 뒤, 호조 정랑으로 재임중 1777년(정조 1) 증광문과에 을과로 급제하여 예조정랑이 되었으며, 『영조실록』의 편찬에 참여하였다.

1779년 홍문록(弘文錄), 도당록(都堂錄)에 올랐으며, 이듬해 진하 겸 사은사(進賀兼謝恩使)의 서장관에 임명된 한광근(韓光近)이 중병에 걸려 대신 청나라에 다녀와 견문사(見聞事)를 왕에게 바쳤다.

1781년 검토관(檢討官), 동부승지를 역임하고, 이듬해 대사간, 이조참의에 이어 대사성이 된 뒤, 1786년 강화 유수로 나갈 때까지 5년 동안 대사성, 대사간, 이조 참의를 번갈아 역임하였다. 1787년 이조 참판, 대사헌을 거쳐 형조 판서에 올랐으며, 1791년 호조 판서, 선혜청 당상(宣惠廳堂上)을 역임하였다

조영진(趙英鎭)

자는 사인(士藺).

1769년(영조 45) 문과에 급제하여 설서, 교리, 수찬을 거쳐 1772년 함경도 암행어사로 나갔다. 다음 해 승지가 되고 1777년(정조 1) 대사간, 이어 동래 부사 등을 역임했다.

조득영(趙得永)

1762년(영조 38)~1824년(순조 24). 조선 후기의 문신. 자는 덕여(德汝). 호는 일곡(日谷). 시호는 문충(文忠).

1789년(정조 13) 춘당대문과(春塘臺文科)에 장원, 초계문신(抄啓文臣)이 되고, 1795년 경기도 도사(京畿道都事), 수찬(修撰), 겸문학(兼文學)을 거쳐 예조, 이조의 참의를 지냈다. 1806년 형조 참판으로 우의정 김달순(金達淳)을 탄핵하여 유배시키고, 이조 참판을 거쳐 병조, 이조, 예조 판서를 지냈으며, 1808년 평안도 관찰사로 재임 중 병마절도사 이광익(李光益)의 파면을 주청하여 조정에 물의를 일으켰으며, 암행어사 서능보(徐能輔) 탄핵으로 족징(族徵)의 폐해가 심하다 하여 파직, 유배되었으나 모친의 탄원으로 암행어사의 탄핵이

사감(私感)에 따른 것임이 밝혀져 풀려났다. 1710년 형조판서가 되고, 1712년 대사헌으로 박종경(朴宗慶)을 논핵하다가 진도군 금갑도(金甲島)에 유배된 뒤 1719년 풀려났다. 1722년 우참찬(右參贊)으로 제학(提學)을 겸하고, 이듬해 대사헌에 재임, 대호군(大護軍)에 이르렀다.

문집에 『일곡집(日谷集)』이 있다.

조종영(趙鍾永)

1771년(영조 47)~1829년(순조 29). 조선 후기의 문신. 자는 원경(元卿). 서울 출신. 경상도 관찰사 조진택(趙鎭宅)의 아들.

1792년(정조 16) 사마시에 합격하고, 1799년 정시문과에 병과로 급제, 부교리, 우승지를 역임하였다. 그 뒤 1810년(순조 10) 안주목사가 되고, 이듬해 홍경래(洪景來)의 난이 일어나자 민병을 규합, 난의 평정에 진력하였다. 1813년 황해도 관찰사, 이어 한성부의 좌윤, 우윤을 거쳐 공조, 형조, 호조의 참판을 차례로 역임하였다. 이어 경기도 관찰사를 지냈으며, 예조, 이조의 판서를 지냈다.

1829년 우참찬에 임명되었으나 곧 죽었다. 벼슬길에 오른 초기부터 경제문제에 관심을 두었으며, 국가의 전장제도(典章制度)와 백성들의 이해문제 해결에 진력하였다.

성력(星曆), 복서(卜筮), 용병(用兵)의 요체(要諦)에도 밝았다. 시호는 충간(忠簡)이다.

풍양조씨(豊壤趙氏)

조상진(趙尙鎭)

1740년(영조 16)~1820년(순조 20). 조선 후기의 문신. 자는 이진(彌珍). 조재우(趙載遇)의 아들.

1773년(영조 49) 증광문과에 병과로 급제한 뒤 사간, 부응교를 거쳐 1780년(정조 4) 예조 참의와 대사간을 역임하고, 이해 6월에 황해도 관찰사로 나갔다. 1782년 대사성, 부제학에 오른 뒤 대사성, 부제학, 대사간 등을 번갈아 지냈으며, 1797년 일시 함경도 관찰사로 나갔다가 돌아와 한성부 판윤, 공조 판서, 형조 판서, 예조 판서, 판의금부사 등을 지냈다. 1799년 8월 진하겸 사은정사(進賀兼謝恩正使)로 청나라의 연경(燕京)에 갔다가 11월에 돌아와 청나라에서 보고 들은 정치현실을 상세히 보고하였다. 순조가 즉위한 뒤 형조 판서, 한성부 판윤, 판의금부사, 좌우참찬, 지중추부사, 판돈녕부사 등을 차례로 지냈고, 1813년(순조 13) 광주부 유수(廣州府留守)로 나갔다가 1816년에 사직하였다.

시호는 익정(翼貞)이다.

조만영(趙萬永)

1776년(영조 52)~1846년(헌종 12). 조선 후기의 문신. 자는 윤경(胤卿). 호는 석애(石厓). 이조 판서 조진관(趙鎭寬)의 아들, 영의정 조인영(趙寅永)의 형.

음보(蔭補)로 능원랑(陵園郎)을 지내다가 1813년(순조 13) 증광문과에 을과로 급제, 검열이 된 뒤 지평, 정언, 겸문학 등을 역임하였다. 1816년 전라도 암행어사로 파견되어 탐관오리들을 다스렸고, 돌아와 전라도내의 민폐인 진전징세(陳田徵稅), 환곡허록(還穀虛錄), 각 궁방(宮房)의 횡포 및 각사둔전(各司屯田)의 폐, 어염선세(魚鹽船稅)의 강제징수 등을 열거, 상소함으로써 전라감사 김계온(金啓溫)을 파직하게 하였다. 이어 심양사(瀋陽使) 한용구(韓用龜)와 함께 서장관(書狀官)으로 청나라에 다녀와 1819년 부사직(副司直)이 되었다.

이때 그의 딸이 효명세자(孝明世子 : 순조의 아들로 후일 익종으로 追尊)의 빈(후일의 趙大妃)으로 책봉되었다. 뒤이어 이조참의, 대사성, 금위대장을 거쳐 1826년 예조 판서, 이조 판서를 차례로 역임하였다.

1827년 안동김씨(安東金氏)의 세도를 견제할 목적으로, 순조가 건강상 이유를 들어 세자에게 대리청정을 명하자 그는 이조판서로서 어영대장을 겸하여 실력자로 부상, 풍양조씨 세도의 기초를 마련하였다.

1828년 이후 훈련대장직을 겸임하면서 훈련도감 운영비의 조달방법으로 주전(鑄錢)을 건의하고, 또 쓸모없이 된 훈국승호포수초상법(訓局陞戶砲手抄上法)의 개혁을 요청, 전국의 각 고을을 단위로 식년(式年)마다 1인씩의 승호를 뽑아 올리게 하되 승호된 자가 그 임무를 계속하는 경우에는 당해 고을은 다시 뽑지 않고 납전(納錢)하게 함으로써 종래와 같이 무뢰배로 보충하는 폐단을 시정하였다.

풍양조씨(豊壤趙氏)

 1830년 왕세자의 병사로 그 일파는 안동김씨파에 밀려났지만 그만은 호조 판서, 판의금부사, 지중추부사, 예조 판서 등을 역임하면서 어린 세손의 보호에 힘썼다.
 헌종이 어린 나이로 즉위하자 그 외할아버지로서 호위대장(扈衛大將), 어영대장, 훈련대장을 역임하면서 불안한 왕실을 보호하는 한편, 자기파인 홍석주(洪奭周)와 이지연(李止淵)을 계속 상위(相位)에 머물게 하며, 동생 조인영과 조카 조병현 등과 함께 세력만회를 도모하였다.
 안동김씨 정권의 미온적인 태도로 천주교 교세가 확장되자 이를 안동김씨 세력을 꺾는 호기로 삼아 1839년(헌종 5) 천주교도에 대한 일대 탄압을 전개하며(己亥邪獄) 조인영으로 하여금 척사윤음(斥邪綸音)을 올려 그 명분을 세우게 했다. 이로써 풍양조씨의 세도를 확립, 이후 5,6년간 정권을 쥐고 그 일족이 현달(顯達)하였으며, 그도 1845년 궤장(几杖)을 하사받고 영돈녕부사가 되는 영예를 누렸지만, 문중내의 내분과 아들 조병구(趙秉龜)가 규탄을 받아 갑자기 죽자 실의에 빠져 눈이 멀어 병사하였다.
 그는 풍양조씨 가문의 좌장(座長)이고 핵심인물이었지만, 자신은 현직(顯職)을 사양하고 뒤에서 왕세자나 유주(幼主 : 헌종)의 신변보호와 왕실안전을 명분으로 각 군영의 대장직을 차례로 역임, 오랫동안 군사권을 장악하여 조씨 세도의 군사적 배경을 이루었다.
 그의 실력으로 보아 정치혁신도 불가능한 바 아니었으나 안동

김씨와의 정권경쟁에만 급급, 민생문제와 사회병폐를 도외시함으로써 사회적인 모순을 격화시켜 결과적으로 삼정문란(三政紊亂)을 초래하게 한 일단의 책임을 져야 한다는 후세의 비평은 면하지 못할 것이다. 사후 영의정에 추증되었다.

글씨에 능하여 영흥(永興)의 「궁달리기적비(宮達里紀績碑)」, 임천(林川)의 「회양부사조신묘표(淮陽府使趙愼墓表)」 등이 전해지고 있다.

저서로는 『동원인물고(東援人物考)』의 편술이 있고, 시호는 충경(忠敬)이다.

조선왕조실록(朝鮮王朝實錄) 中

◎ 풍은 부원군 조만영의 졸기

보국 숭록 대부(輔國崇祿大夫) 영돈녕부사(領敦寧府事) 풍은 부원군(豐恩府院君) 조만영(趙萬永)이 졸(卒)하였다. 하교하기를,
"슬프고도 슬프다. 오히려 무슨 말을 하겠는가? 병환이 여러 해 동안 위독하였으나 회복되기를 늘 간절히 바랐는데, 어찌 오늘 갑자기 흉음(凶音)을 들을 줄 알았겠는가? 나의 놀랍고도 슬픈 마음은 이미 말할 수 없으나, 자전(慈殿)께서 우려하여 속태우신 끝에 이 망극한 지경을 당하셨으니, 또한 무슨 말로 우러러 위로하여 애통하신 뜻을 풀어 드리겠는가? 실로 지극히 민망스럽고도 박절한 마음을 금하지 못하겠다. 아! 내가 집안의 불행을 당하여 먼저 경인년과 뒤에 갑오년의 불행을 겪었으나, 지극한 정성으로 보호함을 힘입어 오늘이 있기에 이른 것이 누가 준 것인가? 양조(兩朝)의 부탁을 받고 내가 성취하기까지 조손(祖孫)의 친척으로서 인도하는 책임을 아울러 양덕(養德)으로 나를 돕고 독경(篤敬)으로 나를 도

왔다. 안으로는 충근(忠勤)한 공로의 큰 것과 밖으로는 서로 삼가고 공경하여 바로잡은 업적이 20년 동안 하루 같았으니, 그 나라를 지키고 사사로움을 잊는 순수한 마음과 위대한 공은 예전 일에서 찾더라도 누가 견줄 수 있겠는가? 지난 겨울에 있었던 원구(元舅)의 역리(逆理)의 상(喪)이 이미 국가의 불행이었는데, 미처 1기(期)가 못되어 또 이 통보를 들으니, 슬프고 슬프다. 내가 장차 누구를 의지하겠는가? 졸한 풍은 부원군의 집에 동원 부기(東園副器) 1부(部)를 가려 보내고, 숭보(崇報)하는 일은 잠시도 늦출 수 없으니, 시장(諡狀)을 기다리지 말고 홍문관(弘文館)으로 하여금 당일로 시호(諡號)를 의논하게 하고, 각신(閣臣)을 보내어 조문(弔問)하게 하고, 내일 승지(承旨)를 보내어 상인(喪人)을 위문하게 하라. 그리고 녹봉(祿俸)을 3년간 한정하여 실어 보내고, 예장(禮葬) 등의 일은 각각 해사(該司)로 하여금 전례에 비추어 거행하게 하라." 하였다. 조만영은 일찍이 호남 직지(湖南直指)가 되어 명성이 한 도에 떨쳤다. 성질이 돈후(敦厚)하고 인척간에 화목하여 혼장(婚葬)·기황(饑荒)을 당하면 곡진히 두루 보살폈다. 이 때문에 봉록(俸祿)과 재산이 매우 넉넉하여도 나가는 것이 또한 때때로 그 들어오는 것과 같았다. 계묘년 겨울 임금이 두후(痘候)가 있을 때에 조만영이 우려하다가 두 눈이 드디어 어두워졌는데, 이어서 그 맏아들 조병귀(趙秉龜)의 죽음을 곡하다가, 드디어 병이 오래 끌어 다시는 일어나지 못하였다.

<헌종실록, 12년(1846) 10월 14일(병인)>

조인영(趙寅永)

1782년(정조 6)~1850년(철종 1). 조선 후기의 문신. 자는 희경(羲卿). 호는 운석(雲石). 시호는 문충(文忠).

1819년(순조 19) 식년문과(式年文科)에 장원급제한 뒤 응교(應敎)가 되고, 1822년 대사헌, 1826년 경상도 관찰사를 거쳐 대사성을 지냈다. 1829년 세손부(世孫傅)가 되고, 1835년(헌종 1) 이조 판서 때 순원왕후(純元王后) 김씨가 수렴청정(垂簾廳政)하면서 안동김씨 세도정치가 시작되자 풍양조씨의 중심인물이 되었다. 그 해 형 조만영(趙萬永)이 어영대장(御營大將)이 되자 조씨 세도의 독무대를 이루었다. 1839년 기해교난(己亥敎難)을 일으켜 가톨릭교를 탄압하고, 우의정에 올라 척사윤음(斥邪綸音)을 찬진하여 계속 가톨릭교도를 박해하였다. 1841년(헌종 7)부터 1850년(철종 1)까지 4차에 걸쳐 영의정을 지냈다.

  1816년(순조 16) 성절사(聖節使)로 청나라에 가서 금석학(金石學)의 대가인 유연정(劉燕庭)에게 조선의 금석학 자료를 주어 연구케 하고 돌아온 뒤 진흥왕순수비(眞興王巡狩碑)의 탁본(拓本)과 『해동금석존고(海東金石存攷)』 등을 보내 주었다.

  문장, 글씨, 그림에 능하였고, 47년(헌종 13) 『국조보감(國朝寶鑑)』의 찬술에 관여하였다. 헌종의 묘정(廟庭)에 배향(配享)되고, 문집 『운석유고(雲石遺稿)』가 있다.

조진관(趙鎭寬)

 1739년(영조 15)~1808년(순조 8). 조선 후기의 문신. 자는 유숙(裕叔). 호는 가정(柯汀). 시호는 효문(孝文).

 1762년(영조 38) 사마시(司馬試)에 합격하고, 1775년 세자익위사 시직(世子翊衛司侍直)이 되어 구현시(求賢試)에 장원하고 동부승지에 올랐으며, 제학, 광주 부윤을 지냈다. 1776년(정조 즉위) 아버지가 홍국영(洪國榮)의 세도정치를 배격하다가 무고를 받고 투옥되자, 신문고(申聞鼓)를 통해 호소했으나 용납되지 않아 칼로 몸을 찔러 자살을 기도했다가 실패한 뒤 이듬해 향리(鄕吏)가 군량을 사취한 사건이 드러나자 책임자라 하여 파직되었다. 1788년(정조 12) 한성부 좌윤(漢城府左尹), 대사간(大司諫) 및 춘추관 동지사(春秋館同知事)를 거쳐 1796년 개성부 유수(開城府留守)를 지냈다. 도승지(都承旨)와 형조 판서를 지낸 뒤, 1800년(순조 즉위) 이조 판서에 임명되었으나 사퇴하였다. 이어 홍문관 제학(弘文館提學), 호조 판서, 병조 판서, 형조 판서, 공조 판서, 좌참찬(左參贊)을 거쳐 중추부지사(中樞府知事)가 되어 기로소(耆老所)에 들어갔다.

문집에 『가정집(柯汀集)』 외에 『역문(易問)』이 있으며, 편저로 『숭절사삼충록(崇節祠三忠錄)』이 있다. 글씨로는 개성의 『김경조순의비(金慶祚殉義碑)』가 있다.

조흥진(趙興鎭)

1748년(영조 24)~1814년(순조 14). 조선 후기의 문신. 자는 수보(秀甫). 증참판(贈參判) 조재세(趙載世)의 아들로 조재임(趙載任)에게 입양.

1774년(영조 50) 정시문과에 병과로 급제, 검열, 정자를 거쳐

1780년(정조 4) 기주서가 되었으며, 이듬해 홍문록(弘文錄)에 올랐고, 그해 개성부경력(開城府經歷)이 되었다. 이어 교리를 거쳐 1782년 부제학, 1786년 동부승지(同副承旨)에 이어 호조 참의가 되었다. 그 뒤 봉산 군수, 곡산 부사를 역임하고, 1809년(순조 9) 대사간이 되었다. 이듬해에는 의주 부윤이 되어 압록강상의 위화도를 비롯한 제도(諸島)가 비옥한 사실을 알고 이의 개간을 건의하였다.

1811년 홍경래(洪景來)의 난이 일어나자 관군을 모아 의주를 굳게 지키는 한편, 반군이 점령한 철산(鐵山), 용천(龍川) 등 7읍을 수복하는 데 전공을 세웠으나 논공행상에 불만, 사직하였다. 이듬해 양사(兩司)의 건의에 따라 병조 참판에 기용되고, 이어서 한성부 우윤, 부총관을 역임하였다.

사후에 이조 판서, 이어 대제학에 추증되었다. 시호는 처음 숙정(肅靜)이었으나 충헌(忠獻)으로 개시(改諡)되었다.

조득영(趙得永)

1762년(영조 38)~1824년(순조 24). 조선 후기의 문신. 자는 덕여(德汝). 호는 일곡(日谷). 서윤(庶尹) 조진명(趙鎭明)의 아들.

1789년(정조 13) 정시문과에 장원급제, 경기도 도사, 홍문관 수찬을 거쳐 1801년(순조 1)이후 예조 참의, 부산 첨사, 이조 참의, 형조 참판 등을 지냈다. 1806년 형조 참판으로 있을 때 김대비 세력인 우의정 김달순(金達淳)이 연석(筵席)에서 저지른

사건을 탄핵, 처벌하게 함으로써 대과(大過)를 바로잡은 공이 있다 하여 이조 참판에 오르고, 다시 병조 판서에 특진되었다.

후에 이조, 예조의 판서를 거쳐 1808년 평안도 관찰사 재직시 평안도병사 이광익(李光益)과 의주부윤 윤익렬(尹益烈)의 비위를 지적, 논죄하였으나, 같은 해 평안도암행어사 서능보(徐能輔)의 탄핵을 받아 그 자신이 부정, 포학한 지방장관으로 몰려 파직되었다. 그러나 이때 어머니인 정부인(貞夫人) 김씨의 탄원 결과, 암행어사의 보고가 적실하지 못하였음이 밝혀짐에 따라 도리어 당시 부사과로 있던 서능보가 파직당하고, 그는 다시 복직되어 형조 판서, 대사헌에 올랐다.

1812년 척신 박종경(朴宗慶)에 대한 비위사실을 낱낱이 지적하면서 정사를 어지럽히고 있다는 내용의 상소문을 올렸다가 진도 금갑도(金甲島)에 유배되었다. 6년 뒤에야 특명으로 향리에 옮겨졌다가 1819년 여러 대신과 삼사 관원들의 청원에 의하여 오랜 유배생활에서 풀려나왔다. 곧이어 형조 판서에 임명되었으나 어머니의 상을 당한 것을 계기로 하여 사임하고 관직을 떠났다. 뒤에 다시 좌, 우빈객(左右賓客), 우참찬, 대사헌, 대호군 등에 임명된 일이 있다.

순조의 묘정에 배향되었으며, 시호는 문충(文忠)이다.

조선왕조실록(朝鮮王朝實錄) 中

◎ 대호군 조득영의 졸기

대호군(大護軍) 조득영(趙得永)이 졸하였다. 조득영은 본관(本貫)이 풍양으로 판서 조환(趙瑍)의 손자이다. 젊어서 과단성이 있고 영기(英氣)가 있었는데, 규율(規律)에 구속되지 않았기 때문에 훼예(毁譽)가 반반이었다. 맨먼저 김달순(金達淳)의 패악한 상주(上奏)를 배척하기에 미쳐서 병조 판서로 발탁 제수되어 의리(義理)를 굳게 지키는 것을 자기 직임으로 삼았으며, 또 서용보(徐龍輔)와 박종경(朴宗慶)을 논척하였으니 사람들이 더욱 꺼려하여 원수진 자들이 세상에 가득하였다. 마침내는 박종경을 논하는 상소 가운데 마후(馬后)의 일을 인용한 것 때문에 '말이 막중한 처지를 범하였다.'고 해서 해도(海島)로 정배되었는데, 그후 온 조정이 그렇지 않다고 변명하여 석방되었다. 돌아오기에 미쳐 어머니가 작고하였는데 분상(奔喪)하지 못한 것으로써 의(義)를 이끌어 스스로 조용히 있고 벼슬길에 나오지 않았으니, 이에 사람들이 그의 만절(晚節)을 칭송하였다. 시호는 문충(文忠)이며 묘정(廟庭)에 배향되었다.

<순조실록, 24년(1824) 3월 4일(정묘)>

조용화(趙容和)

1793년(정조 17)~?. 조선 후기의 문신. 자는 성교(聖交). 호는 청소(晴沼). 좌의정 조재호(趙載浩)의 증손, 교리 조운익(趙雲翊)의 아들.

1813년(순조 13) 사마시에 합격하고, 1822년 식년문과에 병과로 급제, 홍문관에 등용되었다. 1832년 이조 참의를 거쳐 대사간, 강원도 관찰사를 역임하였다. 1841년(헌종 7) 이조참판, 1844년 비변사 제조(備邊司提調), 형조 판서, 이듬해 대사헌, 한성부 판윤을 거쳐 형조 판서에 이르렀다.

의용(儀容)이 괴위(魁偉)하여 사람들로 하여금 저절로 공경하게 하는 마음을 일으키게 하였고, 성품이 온화하였으며, 문장에도 능하여 경사제가(經史諸家)의 전주(箋註)도 간명하게 잘 써서 거유(巨儒)라 일컬어지기도 하였다. 시호는 문헌(文憲)이다.

조병현(趙秉鉉)

1791년(정조 15)~1849년(철종 즉위년). 조선 후기의 문신. 자는 경길(景吉). 호는 성재(成齋) 또는 우당(羽堂). 이조 판서 조득영(趙得永)의 아들.

1822년(순조 22) 식년문과에 을과로 급제한 뒤 지평, 교리를 거쳐 1827년 암행어사가 되었다. 조만영(趙萬永), 조인영(趙寅永), 조병구(趙秉龜) 등과 함께 풍양조씨 세도정치의 중심인물이 되어 안동김씨(安東金氏)와 대립하였다. 1832년 세자시강원의 겸보덕(兼輔德), 이듬해에는 공충도 관찰사, 경상도 관찰사를 거쳐 1838년(헌종 4) 예조 판서에 올랐다. 다음해 병조 판서, 대사헌을 거쳐 형조 판서에 올랐다.

이때 그는 안동김씨를 배척하는 벽파(僻派)의 실권자로서 천주교를 탄압, 앵베르(Imbert, 范世亨) 주교와 샤스탕(Chastan, 鄭牙各伯), 모방(Maubant, 羅伯多祿) 신부 등을 비롯한 많은 신자들을 죽게 한 기해박해의 중심인물이 되었다.

1840년 호조 판서로 전임하여 『동문휘고(同文彙考)』편찬 때 교정당상(校正堂上)을 겸하였으며, 이조 판서, 판의금부사를 거쳐 1844년 좌참찬에 올랐다가 과거부정 사건에 연루되어 평안도 관찰사로 좌천되었다.

그 뒤 병조 판서, 규장각 제학, 예조 판서, 홍문관 대제학 등을 지내고, 1847년 광주부 유수(廣州府留守)가 되었다. 이해 안동김씨파의 정언 윤행복(尹行福), 대사헌 이목연(李穆淵) 등의 탄핵상소를 받아 거제도에 위리안치(圍籬安置)되었다. 이듬해 유배에서 풀려나게 되었으나 정언 강한혁(姜漢赫), 대사헌 이경재(李景在) 등의 탄핵을 받아 1849년 6월 철종의 즉위로 대왕대비 김씨가 수렴청정하자 다시 전라남도 지도(智島)에 위리안치되었다가 그해 9월 사사되었다.

저서로 『성재집』이 있다.

조병구(趙秉龜)

1801년(순조 1)~1845년(헌종 11). 조선 후기의 문신. 자는 경보(敬寶). 풍은부원군(豊恩府院君) 조만영(趙萬永)의 아들, 신정왕후(神貞王后 : 追尊王 翼宗의 妃)의 오빠.

1822년(순조 22) 사마시에 합격, 음보(蔭補)로 세자익위사 부수(世子翊衛司副率)가 된 뒤, 1827년 증광문과에 병과로 급제하여 저작으로 벼슬길에 올랐다. 1829년 동지정사(冬至正使) 유상조(柳相祚)를 따라 서장관(書狀官)으로 청나라에 다녀왔다. 이듬해 한성부 부사과와 겸문학을 겸하였으며, 책저도감 교관(冊儲都監敎官)을 지내고, 1832년 좌부승지를 거쳐 대사성에 올랐

풍양조씨(豊壤趙氏)

다. 1836년(헌종 2) 이조 참의를 거쳐 호조 참판을 역임하고, 1840년 홍문관 부제학, 규장각 직제학을 지냈으며, 그 뒤 금위대장, 총융사, 훈련대장, 행호군 등을 역임하였다. 1844년 한성부 판윤에 오른 다음 예조 판서에까지 이르렀고, 이듬해에는 이조 판서, 공조 판서에 오르게 되었다. 이때 조병현(趙秉鉉)과 함께 풍양조씨 세도정치의 중심인물로 안동김씨(安東金氏)와 권력 다툼을 벌이는 데 앞장서서, 삼촌인 조인영(趙寅永)이 순원왕후(純元王后 : 순조의 妃)의 호의로 영의정에 오르자 이에 합세하여 정치세력을 형성하였다. 그러나 그 뒤 조병현, 조인영 등이 연달아 죽고 조씨 일파 전체가 몰락하게 되자, 정권에서 축출되었다.

글씨로 이름이 났으며, 고종 때 조 대비에 의하여 익종의 묘정에 배향되었다. 시호는 문숙(文肅)이다.

조선왕조실록(朝鮮王朝實錄) 中

◎ 대호군 조병귀의 졸기

대호군(大護軍) 조병귀(趙秉龜)가 졸(卒)하였다. 하교하기를,
"훈장(訓將)이 죽었으니, 지극히 놀랍고 슬프다. 이 중신(重臣)은 왕실(王室)을 위해 충성심을 다하여 공적(功績)을 나타냈으므로, 내가 의지하였는데, 이제는 그만이다. 졸한 대호군 조 병귀에게는 시장(諡狀)을 기다리지 말고 역명(易名)의 은전을 빨리 거행하며 동원 부기(東園副器) 1부(部)를 실어 보내고 성복(成服)하는 날에 승지(承旨)를 보내어 치제(致祭)하며 상수(喪需)도 해조(該曹)로 하여금 후하게 실어 보내게 하라."

하였다. 조병귀는 풍은 부원군(豊恩府院君) 조만영(趙萬永)의 아들이다. 나이가 한창이고 뜻이 굳세어 자용(自用)을 좋아하고 해학(諧謔)을 잘하며 응대하는 것이 매우 민첩하였다. 신축년 이후로 사무의 부담이 매우 긴중(緊重)하였으나 여유 있게 처리하였으니, 대개 숙성한 재주 때문이다. 다만 일을 당하면 매우 각박하여 지나치게 자세히 살피는 것은 또한 그 성질이 그러한 것인데, 서사(胥史)가 떼지어 원망한 것은 아닌게 아니라 이 때문이었다. 그러나 그가 집안끼리 환담하는 자리에 출입하며 일에 앞서 규면(規勉)한 공로는 그가 죽고 나서 몇 해 뒤에 조금씩 알아 주는 바깥 사람들이 있었다. 시호는 문숙(文肅)이다.

<헌종실록, 11년(1845) 11월 11일(무진)>

조병준(趙秉駿)

1814년(순조 14)~?. 조선 후기의 문신. 자는 경범(景範). 원영(原永)의 아들, 풍은부원군(豊恩府院君) 조만영(趙萬永)의 종질.

1841년(헌종 7) 생원으로 정시문과에 병과로 급제한 뒤, 1848년 규장각 직제학, 개성 유수를 거쳐 이조 참판에 이르렀다.

1850년(철종 1) 한성부 판윤을 지내고, 다음해 수원부 유수를 거쳐 병조 판서를 역임하였다. 수원부 유수 재직 때 그곳 사당 영정(影幀)들이 오래되었음을 보고 강릉본(江陵本)의 공자상(孔子像)을 본떠 안치하도록 하였다.

1852년 함경도 관찰사로 나갔다가 1854년 다시 한성부 판윤이 되었고, 이듬해 공조 판서, 대사헌, 우참찬 등을 지냈다. 1856년 세 번째로 한성부 판윤을 역임하고, 이듬해 판의금부사,

풍양조씨(豊壤趙氏)

상호군을 거쳐 경상도 관찰사로 나갔다.

시호는 효정(孝貞)이다.

조병익(趙秉翊)

1844년(헌종 10)~?. 조선 후기의 문신. 자는 성건(聖健). 조구영(趙龜永)의 아들.

유학으로서 1877년(고종 14) 경과정시문과에 병과로 급제, 1883년 장령, 교리를 거쳐 이듬해 옥당에서 갑신정변의 주모자 김옥균(金玉均) 등을 처단하기를 청하는 연차(聯箚)를 올렸을 때 부응교로 참여하였다.

1888년 종묘하향대제친행(宗廟夏享大祭親行)때 대축(大祝)을 한 공으로 가자(加資)되었고, 1893년 대사간에 임명되었다. 고종이 능원(陵園) 수호의 중요성을 강조하여, 1899년에는 봉상사 부제조(奉常司副提調)로서 유지상태를 조사하고 능원을 범하는 자를 적간하기 위하여 이용구(李容九)와 함께 파견되었다.

이듬해 비서승(祕書丞)을 거쳐 시강원 첨사(侍講院詹事)가 되었고, 이어 궁내부 특진관으로 칙임관 4등이 주어졌다. 그 뒤 사직서(社稷署), 경효전(景孝殿), 종묘서(宗廟署)의 제조를 거쳐, 1905년 봉상사 제조가 되는 등 주로 왕실의 의례를 담당하였다.

조완구(趙琬九)

1880년(고종 17)~1954년. 독립운동가. 자는 중염(仲琰). 호

풍양조씨(豊壤趙氏)

는 우천(藕泉). 이조 참판 조동필(趙東弼)의 아들.

1915년 대종교(大倧敎) 포교와 독립운동을 위해 북간도 용정에 망명하였다. 1918년 11월 제1차 세계대전이 종료됨과 동시에 약소국가들이 독립을 선포하자 이동녕(李東寧), 이시영(李始榮), 조성환(曺成煥), 김동삼(金東三), 조영진(趙英鎭) 등 30여 명과 같이 상해(上海)로 갔다. 1919년 3.1운동이 국내에서 일어나자 같은 해 4월 상해에 1,000여 명의 독립동지가 모였는데, 그도 동지들과 같이 상해에 와서 대한민국임시정부를 수립한 이래 1945년 중국 중경(重慶)으로부터 귀국할 때까지 27년간 독립운동에 헌신하였다.

그는 안창호(安昌浩)가 미주로부터 도착하기 전에 국내와의 교통통신을 원활하게 소통하기 위하여 교통국(交通局)을 설치하는 한편 임시의정원(臨時議政院) 의원과 국무위원이 되어 임시정부에 기여하였다. 또한 신규식(申圭植), 이동녕(李東寧), 김백연(金白連), 백순(白純), 정신(鄭信), 박찬익(朴贊翊) 등과 함께 상해에 대종교 교회를 설립 운영하였으며 국무원의 수석위원으로 구황실(舊皇室) 우대론을 펴서 20대와 30대 초반의 신식대학교육을 받은 독립동지로부터 반격과 반발을 받은 적도 있다.

임시정부가 상해에 하나의 정통정부로 통합되자 1920년 내무차장이 되었으며, 1924년 노동국총판이 되었다. 이후 재무총장, 국무위원, 내무장, 내무부장 등 국무위원으로서 요직을 두루 거쳤다.

1920년 이유필(李裕弼), 김구(金九), 여운형(呂運亨), 김철(金

澈) 등 20여명과 교민단을 조직, 재상해거류민단(在上海 居留民團)의 자치와 권익옹호에도 앞장섰다. 1921년 12월 이동녕(李東寧), 신규식(申圭植), 이시영(李始榮), 윤기섭(尹琦燮), 황중현(黃中顯) 등 10여 명과 함께 임시정부를 옹호하고 이승만(李承晩)을 위하여 협성회(協成會)를 조직, 임정반대세력인 정구단(正救團)과 대결하였다.

1924년 이동녕(李東寧), 안창호(安昌浩), 여운형(呂運亨), 신익희(申翼熙) 등 20여명과 시사책진회(時事策進會)를 조직하였다. 1931년 상해에서 한국측 인사 김구(金九), 김철(金澈), 조소앙(趙素昻), 이유필(李裕弼), 안경근(安敬根) 등과 중국측 인사 우쳉찬(伍澄干), 주쿵모(周公謨) 등과 같이 중한항일대동맹을 조직하여 중국과 연합한 항일운동을 전개하였다.

유근(柳瑾)의 추도회를 이동녕(李東寧), 최창식(崔昌植), 김인전(金仁全) 등 10여명과 같이 상해 한국동포거류민단 사무소에서 개최하였으며, 김창숙(金昌淑)의 파리장서에 도움을 준 일이 있는 선생은 이승만 지지파로서 한국독립당을 조직하였고 재건한바 있다.

1932년 4월 29일 윤봉길(尹奉吉) 의거 당시 임시정부 내무장으로서 이동녕, 김구, 조소앙, 김철 등과 함께 극비리에 홍커우(虹口) 공원 작탄의거(炸彈義擧)를 수행하였는데 이에 앞서 이봉창(李奉昌)의 의거에도 가담하여 활동한바 있다.

1940년 9월 17일 김구 등과 같이 한국광복군을 결성하였다. 광선조직(光線組織)에 기여한 적이 있는 그는 이동녕, 김구 등과 같이 1935년 한국국민당(韓國國民黨)을 전장에서 결성, 뒷날 한국독립당으로 합류하였다.

1943년 김원봉(金元鳳)의 조선민족혁명당의 황민(黃民) 등 10여명의 청년들이 김구의 경호대원 박수복(朴守福)을 매수, 김구와 조완구 등 5명의 국무위원을 암살 제거하고자 기도한 것을 사전에 정보를 입수, 발각하여 전원을 체포하였다.

1945년 11월 김구 등과 같이 귀국하여 건국 성업에 종사하다가 6.25 전쟁 때 남북되었다.

1989년 건국공로훈장 대통령장이 추서되었다.

조기영(趙冀永)

1781년(정조 5)~?. 조선 후기의 문신. 자는 수경(壽卿). 목사(牧使) 조진선(趙鎭宣)의 아들.

1814년(순조 14) 정시문과에 장원급제한 뒤 여러 관직을 거쳐 1827년 성천부사가 되었다. 당시 대홍수를 만난 고을 백성들이 전답과 가재도구를 잃고 극심한 고통을 받게 되자 이들을 돕는 일에 심혈을 기울였다. 이러한 선정으로 가자(加資)되는 한편, 1833년 부호군이 되었다. 1837년(헌종 3) 이조 참판을 거쳐 충청도 관찰사로 나갔다. 이때에도 지방 행정의 모순을 시정하고 도민들의 복지향상을 도모하는 일에 전력하였다.

1840년 동지부사로 청나라에 다녀왔으며, 1843년 대사헌에, 이듬해 예조 판서가 되었다. 1846년 형조 판서, 2년 뒤 이조 판서, 1849년 한성부 판윤을 지냈고, 이해 철종이 즉위하자 판의금부사가 되었다. 1852년(철종 3) 원접사(遠接使)로 청나라의 사신을 맞았으며, 상호군, 형조 판서를 지내고 지중추부사로서 관직에서 물러났다.

조학년(趙鶴年)

1786년(정조 10)~?. 조선 후기의 문신. 자는 화중(花仲). 형조 판서 조만원(趙萬元)의 아들.

수원에서 살았는데, 1828년(순조 28)에 화성유생응제시(華城儒生應製試)에서 뽑혔고, 교관으로서 식년문과에 을과로 급제하였다. 1844년(헌종 10)에 이조 참판, 1845년 예조, 형조의 판서를 거쳐, 1846년 평안도 관찰사로 나갔다. 이후 중앙으로 돌아와 1848년에 대사헌이 되고, 이어 이조판서를 역임한 뒤 1849년(철종 즉위년)에는 우참찬이 되었다.

시호는 문헌(文憲)이다.

조병구(趙秉龜)

1801년(순조 1)~1845년(헌종 11). 조선 후기의 문신. 자는 경보(敬寶). 시호는 문숙(文肅). 신정왕후(神貞王后 : 翼宗의 妃)의 오빠.

1822년(순조 22) 사마시(司馬試)에 합격, 음보(蔭補)로 세자익위사부수(世子翊衛司副率)가 되고, 1827년 증광문과(增廣文科)에 병과로 급제, 1829년 동지사(冬至使)의 서장관(書狀官)으로 청나라에 다녀왔다. 이듬해 부사과(副司果), 겸문학(兼文學), 책저도감 교관(儲都監敎官)이 되고, 1832년 좌부승지(左副承旨)를 거쳐 다음해 대사성에 올랐다. 1836년(헌종 2) 이조 참의, 호조 참판을 역임, 1840년 부제학, 규장각 직제학이 되고, 1842년 금위대장(禁衛大將), 총융사(摠戎使), 훈련대장(訓鍊大將)을 거쳐 이듬해 행호군(行護軍)이 되었다.

풍양조씨 세도정치의 중심 인물로 안동김씨(安東金氏)와 대립했다. 1844년 한성부 판윤에 이어 공조 판서에 이르렀다.

글씨를 잘 썼으며, 익종의 묘정에 배향되었다.

조병헌(趙秉憲)

1803년(순조 3)~?. 조선 후기의 문신. 자는 윤문(允文). 호는 금주(錦州). 이조판서 조종영(趙鍾永)의 아들.

1827년(순조 27) 생원으로 증광문과에 병과로 급제한 뒤 1832년 규장각대교를 거쳐 수찬, 응교 등을 역임하였으며, 1837년(헌종 3) 대사성에 이르렀다. 이어 1841년 이조 참의가 되었고, 그해 강원도 관찰사로 나갔다.

이해는 풍양조씨가 득세하여 안동김씨(安東金氏) 세력에 대항하던 시기로 그의 작은 아버지인 조인영(趙寅永)이 영의정에 올랐으며, 그도 관찰사에서 돌아와 호조 판서가 되었다.

조병준(趙秉駿)

1814년(순조 14)~?. 조선 후기의 문신. 자는 경범(景範). 조원영(趙原永)의 아들, 풍은부원군(豊恩府院君) 조만영(趙萬永)의 종질.

1841년(헌종 7) 생원으로 정시문과에 병과로 급제한 뒤, 1848년 규장각 직제학, 개성 유수를 거쳐 이조 참판에 이르렀다. 1850년(철종 1) 한성부 판윤을 지내고, 다음해 수원부 유수를 거쳐 병조 판서를 역임하였다. 수원부 유수 재직 때 그곳 사당 영정(影幀)들이 오래되었음을 보고 강릉본(江陵本)의 공자상(孔子像)을 본떠 안치하도록 하였다.

1852년 함경도 관찰사로 나갔다가 1854년 다시 한성부 판윤이 되었고, 이듬해 공조 판서, 대사헌, 행대호군, 우참찬 등을 지냈다. 1856년 세 번째로 한성부 판윤을 역임하고, 이듬해 판의금부사, 상호군을 거쳐 경상도 관찰사로 나갔다. 시호는 효정(孝貞)이다.

조연창(趙然昌)

1810년(순조 10)~?. 조선 후기의 문신. 자는 문보(文甫). 조민화(趙民和)의 아들.

1835년(헌종 1) 증광별시 문과에 병과로 급제, 1840년 한림소시(翰林召試)에 심경택(沈敬澤) 등과 함께 선발되었다.

1847년 전라좌도 암행어사 이교영(李敎英)에 의하여 전무장 현감 때의 실정(失政)으로 치죄되었다가, 이듬해 삼조보감(三朝寶鑑)을 왕이 친히 종묘에 봉서(奉書)하였을 때 교리로서 참여,

풍양조씨(豐壤趙氏)

가자(加資)되었다.

1851년(철종 2) 암행어사 이승익(李承益)의 서계에 따라 순천 부사로서의 치적이 인정되어 포상, 승서(陞敍)되었고 이듬해 이조 참의에 임명되었다. 그 뒤 강화부 유수, 개성부 유수를 거쳐 1859년 이조 참판이 되었다. 이해 정부에서 이이(李珥), 성혼(成渾) 등 선현의 도덕 학문을 받들어 조가(朝家)가 성현을 숭상하는 뜻을 보이고자 하여, 그들의 사손(祀孫) 중 빈한하여 향화(香火)를 이을 수 없는 자를 각 수령이 이송하도록 하였을 때 이 문제를 담당하는 정경(正卿)으로 대사간 한정교(韓正敎) 등과 함께 발탁되었다. 이어 경기도 관찰사, 함경도 관찰사 등의 외직을 역임한 뒤 한성부 판윤, 대사헌을 지내고, 1863년 예조 판서로 임명되어 상책보시(上冊寶時)에는 제조로 참여하였다.

1863년 동지정사로 청나라에 다녀왔다. 고종 즉위 후에도 중임을 맡아 1864년(고종 1) 대사헌이 되었고, 이듬해 공조 판서를 지냈으며, 1866년에는 상호도감(上號都監)에서 익종대왕옥책문(翼宗大王玉冊文)의 금보전문서사관(金寶篆文書寫官)을 맡았다. 이해 의정부 좌참찬이 되었다가 이어 판의금부사, 예문관 제학 등을 여러 차례 중임하였다.

효순왕후(孝純王后)

1715년(숙종 41)~1751년(영조 27). 조선 진종(眞宗 : 追尊王 孝章世子)의 비(妃). 좌의정 조문명(趙文命)의 딸.

1727년(영조 3) 세자빈에 간택되어 효장세자(孝章世子)와 가례(嘉禮)를 올리고, 1735년 현빈(賢嬪)에 봉하여졌다. 소생은 없었으나 죽은 뒤 1752년 효순(孝純)이라는 시호를 받았고, 1776년 장헌세자(莊獻世子)의 장남(뒤의 정조)을 입양 받아 승통세자빈(承統世子嬪)의 호를 받았다가, 정조의 즉위로 왕비로 추존되었다.

능은 파주에 있으며, 능호는 영릉(永陵)이다.

효순왕후조씨 묘지(孝順王后趙氏 墓誌)

나의 며느리 효순현빈(孝順賢嬪)은 풍양조씨이다. 현빈은 우리 아바마마(숙종)가 즉위하여 계시던 을미년(1715) 12월 14일에 서울의 동부(東部) 숭교방(崇敎坊)에서 태어났다. 현빈이 태어나기 전, 그의 어머니 이씨는 태몽으로 어떤 사람에게 붉은색 붓[彤筆]을 받았다고 한다.

현빈은 어려서부터 용모가 단정하고 성질이 온순하고 곧았으며 놀이를 하는 데도 다른 평범한 아이들과 달랐다고 한다. 내가 왕위에 나아간 지 3년째 되던 해인 정미년(1727)에 그를 나의 아들인 효장세자빈으로 뽑아서 맞이하였는데, 비록 어린 나이지만 시부모를 받들고 모시는 절차에 있어서 공손함과 성의를 다하였다. 그리하여 나의 두 어머니(숙종 계비 인원김씨와 경종 계비 선의 어씨)께서는 그를 아끼고 사랑하여 주었다.

그런데 아하, 애닯구나! 그가 시집온 그 다음해 11월 16일에 효장이 죽고 말았으니 말이다. 예로부터 이 세상에는 젊은 나이에 과부된 자가 어찌 없을까마는 우리 빈 같은 사람이 또 있었겠는가? 장사를 치르던 날 너무 슬퍼하고 애통해서 물 한모금도 먹지 못하기

에 내가 여러 가지 말로 타일렀더니 빈은 울먹이면서 대답하기를,
"무엇보다도 후사가 없게 되었으니 살아서 무엇하겠사옵니까?"
하였다. 나도 눈물을 뿌리면서 간신히 답을 하였고, 어머님인 자성께서도 지성으로 타일러 빈에게 억지로 음식을 먹게 하였었다. 그리고 초상에서부터 대상까지의 모든 범절에 있어서 빈은 어른과 조금도 다름없이 예절을 잘 지켜 나갔고, 여러 때 치러야 하는 많은 제사 의식을 몸소 돌보았었다. 그러나 빈의 기운이 늘 위태로운 듯하여 3년상이나 무사히 치를까하고 처음에는 몹시 근심하였었다. 게다가 더욱 안타까운 일은 상복을 입은 몸으로 성인의식(成人儀式)인 가계(비녀를 꽂는 예절)를 행하는 일이었다.

세자가 죽은 무신년(1728년) 이후부터는 시아버지와 며느리인 우리 구부(舅婦)가 서로 의지하여 슬픈 마음을 달래곤 하였는데, 지금에 와서 빈은 의지할 곳을 찾아 돌아갔지마는 나는 누구에게 위로를 받는다는 말인가? 아하! 지금 생각하니 빈은 비록 세상에 살아가고 싶은 마음이 없었겠지마는 웃어른을 섬기는 절차는 게을리하지 않고 늘 한결 같았었다. 그뿐 아니라 고치기 힘든 기질(奇疾)을 앓는 중에도 양전(兩殿)인 시어머니께 대하여서도 며느리의 예절을 깍듯이 다하였다.

선의왕후(宣懿王后, 경종비 어씨)의 국상이 세자의 상중(喪中)에 있었는데 빈은 그 때 더욱 비통해 하였다. 그러한 빈의 마음을 헤아려 보니 나의 마음이 지금 와서 더욱 측은하여진다.

빈의 성품은 본래 소박하여 사치스럽지 않았고 늘 조용한 몸가짐을 하였으며, 마음을 곧게 가져서 세상의 어떤 훌륭한 사람들과 비교하여도 조금도 손상됨이 없었다. 그리하여 그의 친정 숙부(叔父)가 정승이 되었다는 소식을 들으면 마음속으로 근심하였었는데, 그가 벼슬자리에서 해임이 되었다고 하면 기뻐하였고, 임명되었다

고 하면 얼굴을 찡그린 것은 친정 친척들에 대한 관심과 두려움 때문일 것이다. 빈은 이러한 마음을 표준으로 삼아 그러한 내용을 적어 친정 형제들의 처에게 편지를 보내었는데, 그 편지의 내용을 반드시 그들의 남편에게 보여준 뒤에 보도록 하였다. 이로 보아 빈의 근엄(謹嚴)한 생활 태도를 미루어 알 수 있는 일이다.

친정 부모인 풍릉부원군 내외의 초상이 가까운 수년 사이에 겹쳐 났으니 빈의 효성스러운 마음으로 그 슬픔이 어떠하였겠는가? 그런 중에도 지금까지 버티어 왔으니 오히려 다행스럽다고 하겠다. 그리고 빈은 언제나 먼저 죽겠다는 것이 소원이었는데 지금에 와서 그 소원을 이루었을 뿐 아니라 또 남편인 효장 세자가 죽은 동짓달에 죽었으니 빈에게는 유감스러울 것이 없겠다. 그러나 내가 애통해 하는 것은 세상에 어느 구부(舅婦) 사이보다도 나와 빈과의 사이에는 특별함이 있었기 때문이다.

우리 구부가 서로 마음을 알아주며 의지해 산 것이 지금까지 25년이 되었는데 이제 또 나를 알아주는 효부(孝婦)를 영결하게 되었다. 앞으로 빈을 추모하는 감정과 슬픈 마음을 다시 누구에게 하소연하고 털어놓는다는 말인가.

살아생전에 빈이 행한 효성을 붓으로 다 기록하기는 어렵더라도 그 대략만이라도 여기 적어 보겠다.

빈은 평소에 스스로 먹는 음식은 거친 반찬 두어 가지밖에 안되면서도 내가 좋아하는 것이 있으면 그것을 먹지 못하고 남겨 두곤 하였다. 근래에 와서 내가 음식을 적게 드는 것을 안타깝게 여기어서 내가 혹시 빈궁에 들어가게 되면 빈은 손수 부엌에 나아가 맛있는 음식을 장만하여 들이곤 하였다. 그의 지극한 효성으로 만들어진 음식은 내가 자리에 앉자마자 잇달아 나왔으며, 또 내가 올 것을 미리 알기라도 한 듯이 맛있는 음식을 미리 만들어 놓기도 하였었다. 그리고 방안의 안석(案席)이 차가울까 두려워 안석 위의 방석을 방바닥에 깔아두어 늘 따뜻하게 하였으니 옛사람이 자신의 체온으로 이부자리를 덥히었다는 효성이 이보다 더 나을 것이 있겠는가?

빈은 하루에 식사를 겨우 한 끼를 하였고 그것도 몇 술밖에 안 들었는데 내가 먹다가 남긴 음식만을 먹었다. 그리고 내가 밥을 많이 먹으면 기뻐하면서 빈도 좀 더 많이 먹었고, 내가 수저를 곧 놓아버리면 빈은 밥을 먹지 않았다. 내가 좋아하는 밤을 빈은 늘 직접 삶아서 올렸는데 빈이 죽던 날에도 삶은 밤이 상에 차려져 있었다. 그것을 나에게 올리려고 하다가 병이 위독하여 뜻대로 못한 것이다. 참으로 애달픈 일이었다.

빈은 올해에 들어와서 나를 위하는 마음이 더욱 지극하여 내가 빈의 궁에 갔다가 돌아오면 빈은 문까지 따라 나와 전송하였는데 내가 따라 나오지 못하도록 할까 두려워 신발도 신지 않은 채 따라 나온 일이 여러 번 있었다. 죽음에 임박하여 그의 마음에 무엇이 씌어서 그런 것인가?

아하! 내가 지방에 행차하여 자고 오는 날이면 빈은 정장을 한 채 앉아서 밤을 새우고 내가 역말을 시키어 보낸 쪽지들을 혹시라도 사람들이 밟을까 두려워 그것을 모아 봉투에 넣고 그것을 보낸 날짜들을 기재하여 두었으니 이 또한 빈의 경근(敬謹)한 성품의 일단이다. 내가 작년, 온천에 행차한 일이 있었다. 내가 가는 도중에 빈은 음식을 잇달아 보내어 주었다. 내가 그 때 보낸 쪽지들을 빈의 손그릇 속에서 우연히 발견하였는데 거기에는 보낸 날짜와 그것을 가지고 온 사람의 이름까지 기재되어 있었다. 나는 이 쪽지를 보고 빈의 효심에 감동되어 눈물을 흘리며 이것들을 빈의 관속에 몸소 넣어주었다.

교묘하게도 내 아들 효장세자의 기일(忌日)이 바로 빈의 사고(私姑, 친시어머니, 효장 생모) 기일과 같은 날이다. 그리하여 해마다 그 한 달 전부터 추모를 하기 위하여 소식(素食, 거친밥을 먹음)을 하였는데 그러면 토황(吐黃)하는 병이 생겼고, 그 병이 여러 해 쌓여 죽음의 빌미가 되고 말았다.

남편이 죽은 날 죽고 싶은 것이 빈의 본래 뜻이었는데, 병이 위중하던 밤, 초저녁에는 나에게 수라(水剌)를 들라고 권하기도 하였다. 그러나 그날 자정이 지난 뒤에는 '저는 지금 갑니다.' 하는 소리만 한 마디 들리곤 다시는 수라를 들라는 말을 더 듣지 못하였다.

아하! 지난 무신년에 내가 눈물을 섞어가며 효장의 행록(行錄)을 가지고 지문(誌文)을 지었는데, 지금 또 효부(孝婦)의 행록을 가지고 눈물을 섞어가며 이렇게 지문을 기록하는구나. 멀리 저 푸른 하늘을 바라보며 창자를 끊는 듯한 아픔을 느낀다. 신미년(1751년) 11월 14일은 효장의 기일에서 꼭 하루가 가려있는 날이다. 우리 빈은 창덕궁 의춘헌(宜春軒)에서 죽었으니 거기는 곧 건극당(建極堂)의 동쪽에 있는 집이며 내가 옛날에 거처하던 집이다. 빈은 이 세상에 37년을 살았으며 지난 을묘년(1735년)에 현빈(賢嬪)이라는 호로 부르도록 명령하였었는데, 빈이 죽은 다음해인 임신년 정월(正月) 11일에는 효순(孝順)이라는 시호를 내려 주었다.

애달프다, 나의 효부여! 이제 죽은 뒤에 얻는 시호도 얻었다. 이달(정월) 22일에는 효장 세자의 묘 왼쪽에 서향으로 안치한다. 그리고 무신년의 예대로 행록을 가지고 묘지문(墓誌文)을 만들고, 또 내가 효장의 지문으로 썼던 글자를 모아 모사(摹寫)하게 하고 거기에 빠진 글자는 다시 새겨서 보충하게 한다. 내가 이제 늙은 나이에 자식과 며느리의 행록을 짓게 되니 옛날의 슬픔과 오늘날의 애통함을 무엇에 비유하겠는가? 눈물을 흘리며 글의 내용을 불러

쓰게 하다 보니 밤이 깊었다. 이 글을 깊게 새겨서 앞으로 오래도록 갈무리하여 전하게 하라.

이글을 쓴 때는 내가 왕위에 나아간 27년 11월이다.

영조 대왕 지음
(효순왕후 족후손 조면희 번역)

신정왕후(神貞王后)

1808년(순조 8)~1890년(고종 27). 익종의 비(妃). 헌종의 어머니. 풍은부원군 조만영(趙萬永)의 딸. 어머니는 송준길(宋浚吉)의 후손인 목사 시연(時淵)의 딸.

12세 때 익종비로 책봉되어 세자빈이 되었고 효부라는 칭찬을 들었다. 1827년(순조 27) 헌종을 낳았다. 1834년 헌종이 왕위에 오르고 죽은 남편이 익종으로 추봉되자 왕대비로 되고, 1857년(철종 8) 순조비인 순원왕후(純元王后)가 죽자 대왕대비로 되었다.

철종이 재위 13년 만에 후사(後嗣)도 없이 죽자 왕실의 권한은 최고 어른인 대왕대비가 쥐게 되었다. 그전부터 흥선군 이하응(李昰應) 및 조카인 조성하(趙成夏)와 손을 잡고 있었으므로 즉각적으로 흥선군의 둘째 아들로 왕위를 계승하게 하였다. 안동김씨(安東金氏) 세력을 더욱 약화시키기 위하여 고종을 아들로 삼아 철종이 아니라 익종의 뒤를 잇게 하였다. 그리하여 내전에 고종의 옥좌를 마련하고 자신은 그 뒤에서 수렴청정을 하였다.

1866년(고종 3) 2월까지 계속 수렴청정을 하며 관리 탐학의 방지, 진휼(賑恤), 황해도 도장(導掌) 폐해의 엄금(明禮宮 토지가 그곳에 많아 항상 대왕대비의 측근이 황해감사로 임명되었다고 한다), 공폐(貢弊)의 제거 등을 하였다고 하지만, 실제의 정권은 모두 흥선대원군이 잡도록 하고한 바가 있다.

고종은 민비(閔妃)가 정치에 참여하기 이전까지 효도를 다하였으나, 그뒤 민비의 질투를 두려워 한 대왕대비가 고종을 피하였다. 또한, 친정세력들을 대거 기용하였지만, 그들이 잇따른 정변에 희생되어 조씨 가문이 쇠락해지자 슬퍼하였다. 더욱이, 국가가 여러 재난에 시달리게 되자 눈물을 흘리며 죽지 않는 것을 한탄하였다고 한다.

능은 수릉(綏陵)으로 경기도 양주에 있다.

조구하(趙龜夏)

1815년(순조 15)~?. 조선 후기의 문신. 자는 기서(箕敍). 조병현(趙秉鉉)의 아들.

1840년(헌종 6) 유학(幼學)으로서 식년전시 문과에 갑과로 급제, 1842년 전라우도 암행어사로 파견되어 민정을 시찰하고 실정(失政)한 수령을 보고, 치죄하도록 하였다. 이듬해 도청교리(都廳校理)를 거쳐 1847년 홍문관 부제학이 되었다. 1860년(철종 11) 이조 참의를 지내고, 1862년 전국적으로 민란이 일어나자 왕이 호남의 대소민(大小民)에게 내린 윤음(綸音)을 반포하기 위하여 선무사(宣撫使)로 파견되었으나 부안 등 각 읍의 난민들의 소요를 막지 못하여 파직되고 말았다.

1864년(고종 1) 실록편찬을 위한 동지실록사(同知實錄事)를 맡았다가 이재원(李載元)과 교체되고, 1866년 형조, 예조의 판서와 이듬해 대사헌을 지냈다. 1869년 강원도 관찰사로서 선정을 베풀다가 자신의 해직을 상소하였으나 수리가 되지 않고, 오히려 이듬해 치적이 현저하다 하여 인민이 더 재임해줄 것을 요청, 1년 동안 임기가 연장되었다.

1871년 한성부 판윤이 되었고, 전강원도 관찰사로서 강원도에서 시정되고 보완되어야 할 정사 6조목을 상주하였다. 1874년에는 의정부 우참찬, 공조 판서를 역임하였다.

조희일(趙熙一)

자는 순웅(舜雄).

조선조에 판서(判書)를 지냈다.

조병기(趙秉夔)

1821년(순조 21)~1858년(철종 9). 조선 후기의 문신. 자는 경증(景曾). 호는 소석(小石). 풍은부원군(豊恩府院君) 조만영(趙萬永)의 아들로 작은아버지 영의정 조인영(趙寅永)에게 입양.

1844년(헌종 10) 황감제시(黃柑製試 : 제주도의 진상품인 황감을 유생들에게 나누어주고 시험을 보인 제도)에 합격한 뒤,

풍양조씨(豊壤趙氏)

이듬해 정시문과에 갑과로 급제하였다. 그 뒤 정언, 장령을 지내고, 1850년(철종 1) 이조 참의에 올랐다. 이해 6월에 부호군을 거쳐 이듬해에는 개성부 유수로 나갔다. 1855년 황해도 관찰사를 역임하고, 이듬해 도총관, 형조판서, 대사헌을 거쳐 1857년 병조 판서가 되었다.

그러나 1857년 우참찬으로 순조비 순원왕후(純元王后)가 죽자 빈전도감당상(殯殿都監堂上)을 겸직하던 중, 빈전도감에 화재가 일어나 선인문(宣仁門), 장청(將廳) 등 62칸을 태운 책임을 지고 파직되기도 하였다. 다음해 다시 우참찬에 복직되고, 병조 판서를 두 번째로 역임한 뒤 총융사를 겸하였다.

시호는 효헌(孝獻)이다.

조희백(趙熙百)

1825년(순조 25)~1900년. 조선 말기의 문신. 자는 순기(舜起). 호는 수산(睡山). 형조 참의와 동부승지 조규년(趙奎年)의 아들, 어머니는 해평윤씨(海平尹氏)로 정렬(鼎烈)의 딸.

31세 때인 1855년(철종 6)에 진사가 되고, 이듬해에는 참봉이 되어 진산군수에 음서(蔭敍)되었다. 1874년(고종 11)에는 함열 현감에 제수되어 이듬해 1월에 현지에 부임하여 남원, 진산, 익산, 금산, 고산(高山), 운봉(雲峰), 용담(龍潭), 함열 등 8읍의 봉세(捧稅)를 받아, 1만6000여석의 곡식을 12척의 큰 배에 싣고 서강의 광흥창(廣興倉)까지 운반하기도 하였다.

풍양조씨(豊壤趙氏)

저술로는 국문가사 「도해가」 1편과 한문으로 지은 『을해조행록(乙亥漕行錄)』 1책이 있다.

조병철(趙秉轍)

1826년(순조 26)~?. 조선 후기의 문신. 자는 치전(稚田). 조대영(趙大永)의 아들로 조발영(趙發永)에게 입양.

유학(幼學)으로서 1870년(고종 7) 정시문과에 병과로 급제, 홍문관 부교리를 거쳐 같은 해 옥당(玉堂)에서 도참설(圖讖說)을 유포한 정만식(鄭晩植)의 유배를 주장하는 연차(聯箚)를 올렸을 때 수찬으로 참여하였다. 1879년에는 성균관 대사성을 지내고 1881년 이조 참의, 1884년 병조 참의에서 특별히 발탁되어 공조 참판에 올랐다. 1887년 황해도 관찰사로 임명된 이후 해주 등지의 진결(陳結), 폐결(廢結), 허결(虛結)의 세금을 탕감하여 주고 이러한 진전(陳田)을 개간한 뒤에 징세하도록 하여 궁민의 부담을 덜어주자는 장계를 올려 왕의 승낙을 받았다. 또한 장산(長山) 이남북의 해운이 매우 불편하므로 세곡 대신 세전(稅錢)을 내도록 하는 등 선정에 힘썼다.

황해도 관찰사로 재직 중 1889년 인천거류 일본상인들이 곡물을 구입, 인천으로 향하려다가 그의 방곡령 실시로 운반이 정지되었다. 이에 일본상인들은 인천감리서에 가서 관찰사가 아무런 통고도 없이 단독으로 방곡령을 실시하였으니 해결하여달라고 호소하여, 감리서는 곡물수송을 허용하라는 통첩장을 발행하였다. 그러나 그는 개항장이면 조약을 준수할 의미가 있지만, 황해도에는 개항장이 없으므로 적용되지 않는다며 이를 무시하였다. 그리하여 일본공사가 외아문독판 조병직(趙秉稷)에게 항의하여 해제명령을 내림으로써 비로소 방곡령을 해제하였다. 이 사건으로 일본상인이 손해배상을 청구하여 한일간 외교적 문제로 비화하였다.

1889년 특별히 지춘추관사(知春秋館事)로 발탁되어 내직으로 들어온 이후 한성부 판윤, 예조 판서, 대호군을 역임하였고, 이듬해 대왕대비 신정왕후(神貞王后)의 사후에는 국장도감 제조(國葬都監提調)에 임명되었다. 이해 동지사행의 정사로 임명되었지만 병으로 인하여 이규영(李珪永)으로 교체되었다.

조성하(趙成夏)

1845년(헌종 11)~1881년(고종 18). 조선 말기의 문신. 자는 순소(舜韶). 호는 소하(小荷). 서울 출신. 병조 판서 조병준(趙秉駿)의 아들로 조병구(趙秉龜)에게 입양, 신정왕후(神貞王后) 조씨(趙氏)의 친정 조카.

1861년(철종 12) 식년문과에 을과로 급제, 규장각 대교, 홍문관 부수찬을 거쳐 1864년 고종 즉위와 함께 동부승지에 특제(特除)되고, 이어 홍문관 부제학이 되어 『철종실록』 편찬에 수찬관으로 참여하였다. 1865년 이조 참의가 되었으나 이후 중용되지 못하고 있다가 민비세력과 결탁, 대원군 실각 후 1874년 평안도 관찰사가 되었다. 1876년 지경연사(知經筵事)로 특탁(特擢)되고 이어 공조, 예조의 판서를 거쳐 세자시강원좌부빈객(世子侍講院左副賓客)이 되었다. 1879년 이조 판서, 이어 판의금부사에 임명되고 1881년 의정부 좌참찬에 이르렀다.

편서로 『금강산기(金剛山記)』가 있다. 시호는 문헌(文獻)이다.

조영하(趙寧夏)

1845년(헌종 11)~1884년(고종 21). 조선 후기의 문신. 자는 기삼(箕三). 호는 혜인(惠人). 시호는 충문(忠文). 조대비(趙大妃 : 신정왕후)의 조카.

1863년(철종 14) 정시문과(庭試文科)에 을과로 급제한 뒤 이듬해 규장각 대교(待敎)가 되고, 조 대비의 총애를 받아 1865년(고종 2) 대사성(大司成)에 특진하였다. 1873년 호조 판서 때 최익현(崔益鉉)과 함께 대원군 세력을 몰아내는 데 앞장섰다. 그 해 대원군이 실각하자 다음해 금위대장(禁衛大將)이 되고, 훈련대장을 거쳐 1876년 경연지사(經筵知事), 공조 판서를 지냈다. 1880년 이조 판서가 되고, 그 뒤 병조 판서를 지내면서 사대당(事大黨)의 실력자가 되었다. 1882년 전권대신이 되어 조, 미, 조, 영, 조, 독 수호통상조약(修好通商條約)을 체결하였다.

임오군란으로 대원군이 재집권하자 삼군부지사(三軍府知事)에 좌천되었다가 접견대관(接見大官)으로 청나라에 가서 파병을 요청하여 임오군란의 주동자 색출과 대원군의 납치를 실현하여 민씨 세력이 재집권하도록 했다. 그 해 재차 진주사(陳奏使)로 청나라에 가서 기계, 무기 등을 수입하고, 관세, 외교의 고문으로 묄렌도르프를 입국하게 하였다. 판리통리아문사무(辦理統理

衙門事務), 독판통상사무(督辦通商事務), 도통사(都統使)를 거쳐 1883년(고종 20) 예조 판서에 재임되고, 갑신정변(甲申政變) 때 민영목(閔泳穆), 민태호(閔台鎬)와 함께 살해되었다.

조동만(趙東萬)

1846년(헌종 12)~?. 조선 말기의 문신. 자는 군필(君必). 조철하(趙徹夏)의 아들.

1874년(고종 11) 유학(幼學)으로서 증광전시문과에 병과로 급제, 이듬해 승정원의 주서가 되었다. 1876년 옥당(玉堂)에서 탐학한 황해도 관찰사 정태호(鄭泰好)의 처벌을 요구하는 연차(聯箚)를 올렸을 때 부수찬으로 참여하였다. 부교리를 거쳐 1878년 헌납으로 강로와 한계원(韓啓源)을 처벌하자는 양사(兩司)의 연차에 참가하였고, 1883년 승정원동부승지에 제수되었다. 1887년에는 안변부사로 덕릉(德陵), 안릉(安陵), 지릉(智陵)의 개수에 참여하여 포상, 가자(加資)되었고, 이듬해 고산역(高山驛)에서 민란이 발생하자 전 안핵사 정광연(鄭光淵)을 대신하여 안핵사로 파견되었다. 그러나 주모자들을 처단하지 않고 특별히 석방함으로써 의정부에서 추고(推考)를 당하였다. 1889년 풍선군(豊善君)으로 영의정 심순택(沈舜澤) 등과 함께 거국대동(擧國大同)의 논의를 청하였고, 1891년 진하사(進賀使)의 부사로 청나라에 다녀왔으며, 1893년 이조 참판이 되었다. 1897년 중추원1등의관에 임명되고 칙임관4등이 주어졌다. 그 뒤 사직서(社稷

署), 종묘서(宗廟署), 영희전(永禧殿)의 제조 등 궁내부의 요직을 두루 거치며 왕실의 의례를 주로 담당하였다.

조장하(趙章夏)

1847년(헌종 13)~1910년. 한말의 순국지사. 자는 경헌(景憲). 호는 이재(履齋). 충청북도 청원 출신. 임헌회(任憲晦)의 문인.

1910년 8월에 일제가 한국을 강점하자 통분하여 죽음으로써 항의하기로 하고, 의관을 깨끗이 갈아입은 다음 단식을 결행하여 끝내 자결하였다.

1963년에 대통령 표창, 1977년에 건국포장이 추서되었다

조동면(趙東冕)

1867년(고종 4)~? 조선 말기의 문신. 판서 조병준(趙秉駿)의 손자, 이조 판서 조성하(趙成夏)의 아들.

1883년(고종 20)교관으로 별시문과에 병과로 급제하여 예문관 검열이 되었다. 1885년 이조 참의, 성균관 대사성, 홍문관 부제학 등을 역임하고, 이듬해에는 규장각 직제학을 지냈다.

1887년 부호군으로서 참의내무부사(參議內務府事)를 거쳐 시강원 겸 보덕에 임명되었다.

1888년 동지경연사(同知經筵事)로 특별히 발탁되었다가 다시 이조 참판을 지내고 외직으로 나가 개성부 유수가 되었으며, 1889년 경기도 관찰사를 제수 받았다. 이해 경기도 연해의 각

읍에 흉년이 들자 중앙에 계(啓)를 올려 진자(賑資)를 요청하는 등 기민(饑民)의 구휼에 힘썼으며, 대왕대비전옥책문(大王大妃殿玉冊文)의 서사관(書寫官)도 맡아보았다. 이듬해 안성민요가 발생하자 의정부에 계를 올려 탐학으로 민요가 일어나게 한 안성군수 최낙주(崔洛周)를 유배시키도록 하였다. 곧이어 강화 유수로 자리를 옮겨 대왕대비의 병이 위중하자 협판내무부사(協辦內務府事)로 별입직(別入直)하였고, 대왕대비가 죽은 뒤에는 종척집사(宗戚執事), 신백서상자(神帛書上字), 행장서사관(行狀書寫官), 향관(享官) 등을 맡았으며, 장례문제와 관련하여 시원임각신(時原任閣臣)의 연차(聯箚)에도 참여하였다. 이같은 활동으로 1892년 가자(加資)되었고, 상호도감(上號都監)의 익종대왕옥책문(翼宗大王玉冊文)의 서사관으로 활동하기도 하였다.

1893년 형조 판서, 공조 판서를 역임하고, 의정부의 우참찬, 좌참찬 등을 지냈다. 이듬해 이조 판서에 임명되었다가 한성부 판윤에 제수되었으며, 1895년 궁내부 특진관(宮內府特進官)으로 칙임관(勅任官)이 되었고, 빈전제거(殯殿提擧)도 맡았다. 1896년 칙임관3등이 되고 혼전향관(魂殿享官), 경연원 시강(經筵院侍講) 등에 임명되었다. 이듬해 국장 도감(國葬都監), 산릉 도감(山陵都監), 빈전도감(殯殿都監) 등의 제조를 지내고 그 공로로 가자되었으며, 태의원경(太醫院卿)에도 임명되었다. 1898년 궁내부특진관으로서 규장각학사 겸 시강원일강관(奎章閣學士兼侍講院日講官)이 되고, 칙임관3등이 주어졌다. 그 뒤 다시 특진관이 되었다가 이듬해 시종원경(侍從院卿)을 맡아 대왕대비악장문

(大王大妃樂章文)의 제술관(製述官)으로도 활약하였다. 1900년 궁내부특진관과 함께 칙임관2등이 주어지고, 장례원경(掌禮院卿), 귀족원경(貴族院卿), 홍문관학사 등을 역임하였다. 1901년 경효전 제조(景孝殿提調), 판돈녕원사(判敦寧院事), 양지아문 총재관(量地衙門總裁官) 등을 지내고, 칙임관2등이 되었으며, 정익황후악장문(貞翼皇后樂章文)의 제술관도 맡았다. 1902년 궁내부 특진관을 거쳐 의정부찬정 등을 역임하고, 칙임관1등이 주어졌으며, 이해 의정부 의정(議政) 윤용선(尹容善) 등과 함께 이용익(李容翊)의 처벌을 강력히 주장하였다.

시호는 문헌(文憲)이다.

조강하(趙康夏)

1841년(헌종 7)~?. 조선 말기의 문신. 자는 경평(景平). 현령 조병석(趙秉錫)의 아들, 조영하(趙寧夏)의 동생, 조대비(趙大妃)의 조카.

1864년(고종 1) 증광시에 병과로 급제하여 한림권점(翰林圈點), 관록(館錄), 도당록(都堂錄)에 잇달아 오르고, 1873년 대사성을 거쳐 부제학, 이조 참판을 거쳐 경기도 관찰사가 되었다.

임오군란이 일어나자 대원군은 그를 전라도 관찰사에 특별히 임명하였으나, 형 조영하가 대원군을 축출하여 부임하지 않았고, 경상도 관찰사로 나갔다. 그때 진휼을 요청하여 내탕전(內帑錢) 2만냥과 관서곡(關西穀) 2만석을 받았으므로 진주에는 그의 선정비가 세워졌다.

경관(京官)으로 있을 때에는 칭송이 없었지만, 지방관으로서 명성을 날렸다. 내직에 들어와서도 경상도의 환곡(還穀)과 통영곡(統營穀)의 탕감을 직접 주청하기도 하였다. 1885년에 지춘추관사, 공조 판서, 지의금부사가 되었고, 좌우 포도대장이 되어 갑신정변 여당을 추국하기도 하였다. 그러나 개화당으로 지목을 받고 있던 유길준(兪吉濬)이 1885년에 귀국하자, 포도대장이 거짓으로 왕명을 빙자하여 구금하자 조경하가 민응식(閔應植)에게 말하여 죽음을 면하게 하고 한규설(韓圭卨)의 집에 유폐되도록 하였다.

뒤에 선혜청 제조, 한성부 판윤, 예조 판서를 지냈고, 1889년 독판내무부사(督辦內務府事)가 되었다.

조경하(趙敬夏)

생몰년 미상. 조선 말기의 문신. 병조판서 조병준(趙秉浚)의 아들.

1864년(고종 1) 전시(殿試)에 직부(直赴)하여 주천(注薦)으로 교리가 되었다. 부응교를 거쳐 이듬해 파격적으로 대사성에 임명되었고, 이조 참의, 이조 참판, 개성부 유수, 도총부 총관, 공조 판서를 역임하고, 1885년 황해도 관찰사가 되었다. 1890년 전국에 도적이 들끓을 때 형조 판서, 판의금부사가 되었고, 한성부 판윤을 거쳐 이조 판서, 의정부 좌참찬(議政府左參贊)에 올랐다.

시호는 효정(孝貞)이다.

조성재(趙性載)

자는 성호(聖浩).

1893년(고종 30) 알성문과에 급제, 비서랑시독을 거쳐 통정비서승, 봉상시 제조에 이르렀다.

조준영(趙準永)

1833년(순조 33)~1886년(고종 23). 조선 후기의 문신. 자는 경취(景翠). 호는 송간(松磵). 초명 만화(晩和).

1864년(고종 1) 증광문과(增廣文科)에 을과로 급제, 참판을 거쳐 81년(고종 18) 신사유람단(紳士遊覽團)의 한 사람으로 40일 동안 일본을 시찰하고 돌아와 통리기무아문의 당상경리사(堂上經理事)가 되었다. 이듬해 임오군란으로 청나라 군대가 올 때 영접관(迎接官)이 되고, 1883년 협판군국사무(協辦軍國事務)를 거쳐 1884년 갑신정변(甲申政變) 실패 후 사대당 내각에서 개성유수(開城留守)가 되었다. 이듬해 협판내무부사(協辦內務府事)가 되고, 1886년 협판교섭통상사무(協辦交涉通商事務)를 지냈다.

편저로는 『일본문견사건(日本聞見事件)』이 있다.

조철증(趙喆增)

자는 치양(稚壤).

1859년(철종 10) 증광문과에 급제, 주서, 정언 등을 역임하였다.

조정구(趙鼎九)

1862년(철종 13)~1926년. 한말의 문신. 자는 미경(米卿). 호는 월파거사(月坡居士). 초명 석구(九). 공조 정랑 조동석(趙東奭)의 아들, 흥선 대원군의 둘째 사위.

고종 17년(1880년) 증광문과에 급제하여 규장각 대교를 시작으로 승정원 동부승지, 홍문관 부제학, 성균관 대사성, 이조참의 규장각 직제학, 예조참판 등 관직을 거친 후 1896년에는 궁내부 특진관에 임명되었다.

1898년 흥선대원군의 흥서시에는 장례원 소경을 맡았으며 다음해 양주군수로 이임되기도 하였으나 다시 궁내부협판 서리대신사무등 주로 궁내부의 요직을 맡으며 왕실의 의례를 담당하였다. 그 밖에도 평식원총재, 의정부 찬성, 판돈녕부사, 기로소 비서장 등을 역임하였다.

1910년 국권피탈 후 한일합방이 되자 일황은 선생에게 전 의정부 찬정 앞으로 은사금과 남작의 칭호를 내렸으나 단호히 받기를 거절하고 이를 부끄럽게 여겨 그길로 자결을 결심하고 비수로 목을 찔렀으나 미수에 그쳤다. 이후 금강산 유점사에 들어가 스스로 월파거사라 칭하며 은둔생활에 들었다가 1919년에

풍양조씨(豐壤趙氏)

고종황제가 승하하자 상경하여 인산을 치르고 난 후 중국 하남성으로 떠나 망명 생활을 하였다. 그 뒤 둘째 아들 조남익의 별세 소식을 듣고 귀국하여 선영이 있는 양주에서 칩거 생활을 하다가 세상을 떠났다.

동아일보에 실린 조정구 선생의 기사

흥선대군 대원왕의 둘째 사위에 고종황제의 매부로서 한국과 일본이 합병하자 작위도 받지 않고 단연 자살로서……

韓末 志士 趙鼎九씨의 十六年간 過去

중국 북경에 가서 오래있던 興宣獻懿大院王의 둘째 사위로 고종황제의 매부되는 趙鼎九씨는 지난 26일 오전 6시경 귀경하여 방금 시내 원동 47번지, 그 아우되는 趙經九씨 집에 머무르는 중이더라. 하늘인들 어찌 무심하며 신명인들 어찌 모르랴? 지난 26일 아침부터 몹시 퍼붓던 궂은비를 마음없는 사람은 범상한 비인줄 알았으리라만은 아픈 가슴에 쓰린 생각을 가지고 멀리 중국 북경으로부터 고국의 서울로 돌아오는 한국말년의 지사 趙鼎九씨의 옷깃을 적신 비인줄이야 누가 알았으랴?

興宣大院王의 次壻, 高宗太皇帝의 妹夫

그는 삼천리 강산에 초목까지라도 벌벌 떨던 한참 당시의 세도 댁이던 흥선대군 대원왕의 둘째 사위요, 고종황제의 매부로 지위는 외직 내직으로 판서까지 하였던 분이니 그가 한일합방 이후 세상을 등지고 살아오던 경로는 과연 어떠하였던가.

秋8월 韓日合併 匕首로 自刎決死

갑오년 이후로 변하여 가는 한국의 정세는 하루도 풍운이 개일 날이 없어 5조약 7조약이 뒤를 이어 성립되며 지사와 선비들이 따라

풍양조씨(豊壤趙氏)

넘어짐에 한국의 대세는 바야흐로 쌀쌀한 가을의 소조한 바람을 따라 마침내 지금으로부터 열여섯 해 전 경술 8월 29일에 한일이 합병하자 낡아빠진 머리에 더러운 생각을 가진 사람들은 앞을 다투어 무슨 爵이니 무슨 位니 생기는 대로 받아 남은 해를 마치려 하였으나 쓰린 가슴에 남다른 생각을 가진 趙씨는 받으라는 남작을 물리치고 세상일을 모르고져 날카로운 칼로 자기의 목을 찌르기까지 하였다.

金剛山 楡岾寺裡 看雲步月로 送世
그러나 하늘이 지사를 위하여 장래의 여유를 마련해 두었는지 생명을 다시 잇게 되어 그 후로 곧 금강산 유점사 반야암 고요한 산사에서 뜻있이 울어주는 새들로 벗을 삼아 그날그날을 보내며 작은댁 홍씨의 공찬과 열한 살 먹은 어린따님의 재롱으로 유일한 낙을 삼아 왔것다.

한양에 돌아왔으나 시세는 다시금 국외의 손을 짓게 되며 이국 하늘도 귀찮아, 16년 동안 두문불출 독경만 해
한말지사 趙鼎九씨 16년간 과거, 月波僧으로 2년간
과거에 겪던 모든 풍상은 멀리 꿈밖으로 돌려보내고 깊은 산중에 들어가 불경이나 읽고 도나 닦으려고 남모르게 고요한 금강산 속으로 들어가기는 지금으로부터 아홉 해 전 1917년 10월이었으며 검은 옷을 입고 월파라는 당호로 2년 동안 숨은 생활을 계속하다가 1919년 1월 23일에 고종태황제가 승하하시자 남다른 관계를 가진 趙씨는 급히 행장을 수습하여 이슬이 가득찬 산길을 밟아 하직하였던 한양을 다시 돌아오게 되었다.

國葬後 3월1일 警成綱裡 北行車

풍양조씨(豐壤趙氏)

국장이 끝난 후 조씨는 선산묘하인 양주 사릉에서 며칠 동안을 있다가 남다른 생각을 가슴에 품었던지 조씨는 돌연히 집안사람들도 모르게 한 장의 글발을 두고 어디인지 모르는 길을 떠나 국경의 경계망은 물샐 틈도 없었건만 그해 음력 2월 14일 밤에 용산 정거장에서 기차를 타고 멀리 북으로 향하였다.

中國서도 杜門不出 佛經으로 6個星霜
몇해 전 먼저 중국 하남성 개봉부에 가 있는 趙씨의 장자인 南升씨의 집에서 다시 두문의 생활을 하다가 한 1년 후 다시 南升씨와 함께 북경에 옮겨와 역시 문을 닫고 불경읽기로 6년 동안을 지내왔었다. 그리하자 작년 9월 양주 사릉에 있는 趙씨의 둘째 아들 南益씨가 어린 자녀를 앞에 두고 죽음의 나라로 돌아갔다.

最後로 故國江山 餘年은 先靈墓下
아! 어찌 외국의 땅에서 몸을 마치리 하는 생각을 가진 趙씨는 죽은 아들의 두고 간 자녀들에게 거룩한 뜻이나 남겨주려고 지난 26일에 다시 한양으로 돌아와 방금 시내원동 趙씨의 아우인 趙經九씨 댁에서 머무르는 중이다. 찾아간 기자에게 한갓 반가운 얼굴로 맞아주며 "사릉이 내 先靈墓下요. 어린것들도 가르치고 그럭저럭 지내다가 죽을 날이나 기다리겠습니다."라 말하며 "天氣가 곧 개면 양주군 진건면 사릉리로 간다." 하였다.

조병필(趙秉弼)

1835년(헌종 1)~1908년. 조선 말기의 문신. 자는 성필(聖必). 호는 간산(幹山). 조구영(趙龜永)의 아들.
1871년(고종 8) 수릉 참봉(綏陵參奉)으로 황감제문과(黃柑製

文科)의 병과에 급제, 성균관 전적, 지평, 정언 등을 거쳐 다음해에 청송 부사가 되었다. 1874년 병조 정랑이 되고 3월에는 황해도 암행어사의 임무도 맡았다. 1876년 동부승지로서 강화도 조약 체결을 전후하여 왕의 근신으로 국정을 보필하였으며 이듬해 병조 참의가 되었다. 1883년 김옥균(金玉均), 복원규(卜元圭) 등과 함께 참의교섭통상사무(參議交涉通商事務)가 되어 임오군란의 사후처리에 진력하였고, 이해 대사성을 잠시 겸하였으나 5월 동래부 민란이 발생하자 동래부사에 임명되어 난의 진정에 힘썼다. 그 뒤 이조 참의, 대사간, 좌승지, 홍문관 부제학 등을 거쳐 1892년까지 병조, 이조, 형조, 공조의 참판을 역임하였다.

1895년 8월 궁내부 특진관으로 진주 관찰사로 임명받았으나 단발령의 시행으로 을미의병이 봉기하자 도주하였다. 이듬해 강원도 관찰사가 되었고 비서원승(祕書院丞), 장례원경(掌禮院卿), 궁내부 특진관, 태의원경(太醫院卿), 중추원 의관, 시종원경(侍從院卿)을 거쳐 1902년에는 홍문관 학사(弘文館學士)가 되었다.

1904년에 기로소 당상(耆老所堂上)이 되었고, 1905년 예식원 장례경(禮式院掌禮卿), 중추원 찬의(中樞院贊議), 학부대신 서리(學部大臣署理)로 임명되었다가 1907년 판돈녕 사사(判敦寧司事)가 되었다.

시호는 문정(文靖)이다.

풍양조씨(豐壤趙氏)

조동필(趙東弼)

1845년(헌종 11)~?. 조선 후기의 문신. 자는 성도(聖道). 경기도 양주출신. 조봉하(趙鳳夏)의 아들.

1873년(고종 10) 경과 정시문과에 병과로 급제, 1876년 홍문관 부교리를 거쳐 교리가 되었고, 이해 사헌부, 사간원의 양사에서 탐학한 황해도 관찰사 정태호(鄭泰好)의 처벌을 요구하는 연차(聯箚)를 올렸을 때 장령으로 참여하였다.

1879년 수릉친제(綏陵親祭)때 대축(大祝)을 한 공로로 가자(加資)되었다. 1890년 성균관 대사성을 지내고 1894년 이조 참의, 이조 참판을 역임하였다. 이듬해 태복사장(太僕司長)에서 회계원장(會計院長)이 되면서 칙임관 4등에 서훈되었고 이어 회계원경이 되었다. 1899년 장례원 경(掌禮院卿)으로 고종과 소견(召見)하는 자리에서 제례상의 문제와 각 왕릉의 보존 및 비각을 보수하고 석비를 제작하는 문제 등을 논의하고 왕명에 의하여 이를 거행하는 등 왕실의 의례를 주로 맡았다.

조기원(趙基遠)

자는 경진(景進). 호는 초은(樵隱). 조선조에 현감(縣監)을 지냈다.

풍양조씨(豐壤趙氏)

조형원(趙亨遠)

자는 경회(景會).
조선조에 동지중추부사(同知中樞府事)를 역임하였다.

조석우(趙錫愚)

자는 경안(景顏). 호는 존성재(存省齋).
조선조에 지평(持平)을 지냈다.

조석룡(趙錫龍)

자는 경운(景雲). 호는 만락재(晩樂齋).
조선조에 승지(承旨)를 지냈다.

조석철(趙錫喆)

자는 명중(明仲). 호는 정와(靜窩).
조선조에 학자(學者)였다.

조석목(趙錫穆)

자는 원중(遠仲). 호는 정사(精舍).
조선조에 승지(承旨)를 지냈다.

조석호(趙錫虎)

자는 정칙(正則). 호는 삼성재(三省齋).
조선조에 좌랑(佐郞)을 지냈다.

조목수(趙沐洙)

자는 사위(士威). 호는 구당(舊堂).
조선조에 학자(學者)였다.

조 의(趙 嶷)

자는 탁여(卓汝).
조선조에 전적(典籍)을 지냈다.

조 덕(趙 惪)

자는 희대(希大). 호는 치재(致齋).
조선조에 참의(參議)를 지냈다.

조동석(趙東奭)

1845년(헌종 11)~1896년(건양 1). 자는 극필. 호는 극은, 구한말 의병장. 조주하(趙胄廈)의 아들, 풍양조씨의 대종손. □1874년(고종 11) 증광생원시에 합격, 1896년(고종 33) 유양산, 허왕산, 박의사 등과 함께 상주에서 창의 항전하다가 일본 군경에 피체되

풍양조씨(豊壤趙氏)

어 순국하였다.

조동완(趙東完)

1876년(고종 13)~?. 조선 말기의 문신. 조원하(趙元夏)의 아들로 조경하(趙敬夏)에게 입양.

교관(敎官)으로서 1892년(고종 29) 경과 정시별시문과에 병과로 급제, 1900년에는 친제(親祭) 등 각종 제례의 상례(相禮)로 참여하여 가자(加資)되었다. 이해에 시강원부첨사(侍講院副詹事)를 거쳐 첨사로 임명되고 칙임관 4등이 주어졌다. 이어 궁내부 특진관으로 1902년 다시 시강원첨사가 되어 칙임관 3등이 주어지는 등 그 뒤에도 첨사를 여러 차례 지냈다. 이해 동지돈녕원사(同知敦寧院事)를 지냈고, 이듬해 경효전 제조(景孝殿提調)가 되었다가 1904년 장례원 소경(掌禮院少卿)에 임명되었다. 왕실의 의례 등 주로 궁내부의 직무를 맡아보았다.

조용구(趙龍九)

자는 경의(景義). 조선조에 교리(校理)를 지냈다.

조남식(趙南軾)

자는 계의(季擬). 호는 간운(澗雲).

1886년(고종 23) 중시문과에 급제하여 응교, 참의 등을 거쳐 우부승지에 이르렀다.

풍양조씨(豊壤趙氏)

조동호(趙東祜)

1892년(고종 29)~1954년. 한국의 독립운동가, 언론인, 정치인. 호는 유정(榴亭). 조명하(趙明夏)의 아들. 충북 옥천 출생. 어려서는 서당에서 한학을 공부했으며 1905년 청산에 사립신명학교에서 신학문을 배우고, 1908년 상경하여 경성측량학교(京城測量學校)에 입학하여 측량기사가 되었다.

1914년 중국으로 망명하여 남경금릉대학 사범과 중문학부를 졸업한 후 상해에서 중국인 황자오(黃覺)가 경영하는 「구국일보(救國日報)」와 「중화신보(中華新報)」의 기자로 활약하고, 신규식(申圭植), 박은식(朴殷植) 등이 창립한 독립단체 '동제사(同濟社)'의 이사와 조선사회당(朝鮮社會黨) 조직에 참가, 신규식, 박은식, 조소앙(趙素昻), 조성환(曺成煥) 등과 중국내 한인민족주의자과 함께 항일 독립운동에 몸 바치게 된다.

1918년 선생은 여운형(呂運亨), 한진교(韓鎭敎), 장덕수(張德秀), 김철(金澈), 선우혁(鮮于爀)과 함께 6인이 발기하여 '조선독립과 청년학생 교양을 목적'으로 '신한청년당(新韓青年黨)'을 조직하고, 미국 윌슨 대통령에게 보낼 「한국독립에 관한 진정서」를 영문으로 작성했다. 또한 김규식(金奎植) 박사를 대표로하여 파리강화회의에 제출할 「독립청원서전문(獨立請願書全文)」과 신한청년당의 취지서, 당헌, 당강을 작성하였다. 신한청년당의 활략은 일본에서는 유학생들이 '2.8독립선언'을 국내에서는 전국방방곡곡에서 '3.1만세혁명'을 일으키는 진원이 되었다. 이후 1919년 4월 13일 신한청년당원들이 주축이 되어 상해에서는 대한민국임시정부(大韓民國臨時政府)가 수립, 선포되었다.

조동호 선생은 임시의정원(臨時議政院) 충청도 의원과 국무위원(國務委員)을 겸직했다. 임시정부에서는 사료조사편찬부를 설치하고 조동호, 김병조(金秉祚), 등 11명과 『한일관계사료집(韓日關係史料集)』 전4권을 편찬하였으며, 임시정부 기관지로 안창호(安昌浩), 이광수(李光洙), 차리석(車利錫), 백성욱(白性郁) 등과 같이 상해판 「독립신문(獨立新聞)」을 창간하였는데, 선생의 노력으로 성경(聖經)에서 그 자체(字體)를 따서 한글 활자를 제조, 사용하였다.

1921년 황종한(黃鐘漢), 오산(吳山), 등 중국인과 합동하여 독립운동에 도움이 되고자 여운형, 윤현진(尹顯振) 등과 같이 '한중호조사(韓中互助社)'를 설립하였다. 또한 이동휘(李東輝)가 대한민국임시정부에 국무총리(國務總理)로 취임하며 임정 요인들인 여운형(呂運亨), 이동녕(李東寧), 김규식(金奎植), 조완구(趙琬九), 신채호(申采浩), 최창식(崔昌植) 등과 고려공산당(高麗共産黨)에 가입하여 출판위원(出版委員)이 된다.

1922년 1월 모스크바서 열린 극동민족대회에 한국 측 대표로 참석하여 '한국의 경제, 농민. 노동자의 상태와 노동자, 농민 대중의 운동'이라는 제목으로 연설하였다. 이해 10월 여운형, 김구(金九), 이유필(李裕弼), 김인전(金仁全), 등과 '한국노병회(韓國勞兵會)'를 창립하여 취지서, 회헌, 회칙의 기초위원(基

礎委員)과 회계검사원(會計檢事員)을 맡아 활약하였다. 1923년 12월 동아일보사의 도움으로 귀국하여 이듬해 1월 동아일보논설위원으로 재직하다가 중국에서 일어난 '봉직(奉直) 전쟁'을 취재하기 위하여 봉천특파원(奉川特派員)으로 종군기를 연재했다.

1928년 2월 상해 일본영사관경찰에 체포되었는데, 영사관경찰에 취조를 받으면서 취조경찰관 책상에 증거서류를 뜨거운 난로 속에 맨손으로 집어넣어 취조경찰도 놀랐다고 한다. 결국 서울로 압송되어 '치안유지법위반과 증거인멸죄'로 4년형을 받아 서대문형무소에서 옥고를 치렀다. 1932년에 4촌 동생 조동순(趙東珣)과 논산(論山)갑부 윤희중(尹希重), 개성의 최선익(崔善益) 등과 함께「중앙일보(中央日報)」를 인수하여「조선중앙일보(朝鮮中央日報)」로 개칭하고 평생 동지인 몽양 여운형(夢陽 呂運亨)을 사장으로 추대한 후 조동호는 편집고문(編輯顧問)으로 항일논설을 집필하였다. 또한 청년들을 독립운동가로 양성하기 위하여 애국지사 정태희(鄭泰熙)와 함께 젊은 청년들을 중국유학 보내다가 발각되어 다시 2년 4개월 동안을 신의주형무소에서 옥고를 치렀다. 1936년 8월 13일자 조선중앙일보에 베를린 올림픽 마라톤에서 우승한 손기정(孫基禎)선수 앞가슴의 일장기 제거사건으로「조선중앙일보(朝鮮中央日報)」가 1937년 폐간하게 된다.

1944년 8월 10일 서울경운동 현우현(玄又玄)이 경영하는 삼광한의원(三光韓醫院)에서 조동호, 여운형, 김진우(金鎭宇), 현우현,

이수목(李壽穆) 등이 조선건국동맹(朝鮮建國同盟)을 비밀리에 창건하여 해방준비를 한다. 건맹에서는 '군사위원회(軍事委員會)'를 조직하고, '농민동맹(農民同盟)'을 조직했으며 위원장에는 여운형, 조동호는 내무부(內務部)와 군사위원회를 담당, 비밀이 활동하다가 8월 4일 부민관(府民館) 폭파사건으로 관철동집회소(貫鐵洞集會所)에서 다시 체포되어 경기도경찰부에 투옥된다.

해방 다음날인 8월 16일 오후 12시 30분 경기도경찰부서 출옥한 선생은 건국동맹동지들과 '조선건국준비위원회(朝鮮建國準備委員會)'를 조직하여 위원장에는 여운형, 조동호는 선전부장(宣傳部長)으로 추대된다. 그러나 그간에 일제의 많은 고문으로 인한 신병으로 사실상 활동이 불가능한 상태여서 6일 후 모든 직에서 사임을 하고 만다.

1946년 2월 건강을 회복한 선생은 절친한 친구 이수목(李壽穆)의 후원으로 정치학교를 설립하고 정치인 지망생을 위하여 교육 사업을 시작하였는데, 많은 졸업자들이 주로 공무원으로 입문했다고 한다. 또한 같은 장소에서 '실업자동맹(失業者同盟)'을 창설하여 위원장을 맡아 국민들의 경제활동의 많은 힘을 썼으니 전국적으로 9만 5천명이었다고 한다.

1947년 5월 '근로인민당(勤勞人民黨)'이 조직되자 정치협의회 위원장과 서울시 위원장으로 추대되었으나 평생 동지인 몽양이 7월 19일 혜화동 노타리에서 백주에 괴한에게 총탄에 맞아 서거하자 정계를 떠나 낙향하였다. 유정은 그 후부터 일제의 고문후유증으로 투병 중에 1954년 9월 11일(陽) 오후 1시 고향에서 서거했다.

  정부에서는 선생의 공훈을 기리기 위하여 건국훈장 독립장을 추서하였으며, 묘소는 대전현충원 애국지사 3묘역으로 천장(遷葬)하였다.

보학

譜學

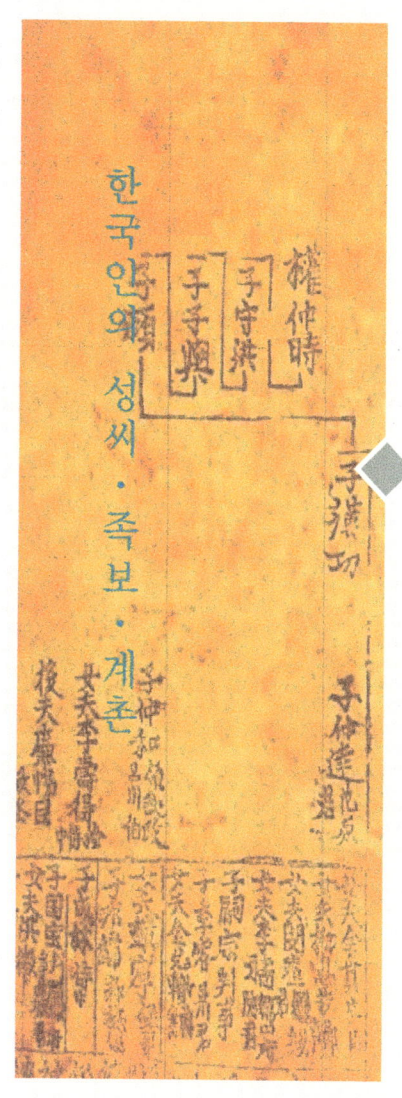

한국인의 성씨·족보·계촌

보 학(譜學)이라 함은 여러 성씨의 관별(貫別)또는 동원 시조(同源始祖)의 혈통을 이어받아 오는 동족적 씨족 사적인 족보(族譜)를 비롯하여 전기(傳記), 행장(行狀), 문집(文集) 등 유사(遺事)의 기록물을 연구하는 학문이다.

우리 나라에서는 고려시대부터 조선에 이르기까지 종부시(宗簿侍)라는 관제(官制)를 두고 왕실이나 왕족들의 계보인 선원보첩(璿源譜牒)을 편찬하여 국보(國譜)를 만들고 조선에서는 태조 이래의 세계를 편찬하여 국조보첩이라 하였다.

사가(私家)에서도 계성(繼姓)을 위주로 국가나 사회에 끼친 행적은 물론 그 배위에 관하여 성씨와 더불어 부, 조, 증조, 외조까지를 밝히고 있으며, 출가녀까지도 그 집안의 내력을 밝히고 외손도 등재함으로서 삼족(三族)을 한눈으로 보아 알 수 있도록 밝히고 있다.

성씨(姓氏)란 혈통의 관계를 나타내기 위해 사용한 일종의 부호라고 할 수 있는데, 한 인물을 시조로 하여 이어져 내려온 단일 혈연집단의 명칭이다.

즉 같은 핏줄임을 나타내는 이름으로 다른 혈족과 구별하는 데 사용하는 칭호다.

1. 성씨(姓氏)

성씨란 무엇인가

성명이란

성명(姓名)에서의 '성(姓)'이란 고대(古代) 모계사회에서 어머니의 성씨나 아이를 낳은 지명을 좇아서 성씨를 삼았으니 '성씨'를 뜻한 글자이고, '명(名)'은 어두운 밤에 사람의 얼굴을 볼 수가 없어서 구별하기 위해서 불렀던 '이름'을 뜻한 글자이다.

한자어 여(女)와 생(生)의 결합인 성(姓)은 모계사회에서 여자의 혈통을 뜻하고, 씨(氏)는 부계사회에서 남자의 혈통을 뜻한다.

중국 주나라 때에는 왕족이나 귀족들만이 성을 가졌고, 평민들은 진시황 때부터 가졌다.

석(夕)과 구(口)의 합성자인 명(名)은 캄캄한 밤에 자신의 신분을 밝히기 위해 사용했다.

그래서 명은 자신이 불러서 남에게 알려주는 것임을 알 수 있다.

그래서 성명(姓名)은 다른 사람과 구별할 수 있도록 호명하게 되는 성과 이름을 뜻하는 글자이다.

세계에서 처음으로 성을 사용한 나라는 중국이며, 처음에는 주로 자신들이 거주하는 지역, 산, 강 등의 명칭을 인용하여 성으로 삼았다.

신농씨(神農氏)의 어머니가 강수(姜水)에 있었으므로 성을 강(姜)씨라고 하고, 황제(黃帝)의 어머니가 희수(姬水)에 있었으므로 성을 희(姬)씨로 하였으며, 순(舜)의 어머니가 요허(姚虛)에 있으므로 성을 요(姚)씨로 한 것 등이 그 예이다.

우리 나라의 성(姓)은 중국의 한자문화(漢字文化)가 유입된 후인 삼국시대부터 사용하였다.

이후 고려와 조선을 거치면서 '최치원(崔致遠)'과 같은 중국식 이름들이 정착되었지만 평민에게는 '막동이, 귀동이' 같은 이름이 쓰였다.

근대(近代)에는 일제시대의 산물로 '숙자(淑子), 명자(明子)' 같은 이름이 쓰이면서 지금의 다양한 이름으로 정착하였다.

우리나라 성씨의 특성

우리의 성씨는 중국의 영향을 크게 받았지만 1천년이 넘는 오랜 역사와 함께 우리만의 고유한 요소를 갖고 있다.

우리의 전통적인 성명(姓名)을 살펴보면 성과 본관은 혈통인 가문을 나타내며, 명은 이름을 나타내는데, 이름에는 가문과 대수(代數)를 나타내는 항렬과 개인의 호칭에 해당하는 자(字)로 구성되어 있다.

이처럼 개인의 구별은 물론 가문의 세대까지 보여주는 성명체계는 세계에 유래가 없는 독특함과 합리적인 사례로 꼽힌다.

우리에게 성은 그 사람의 혈연관계를 분류하는 가장 중요한 기준이

1. 성씨(姓氏)

되며, 이름은 그 성과 결합하여 사회의 일원으로서 개인을 남과 구별하는 역할을 한다.

우리나라는 중국과 함께 성은 남계의 혈족을 표시하는 것으로 가족 전체를 대표하는 공동의 호칭이 아니라 부계 위주의 가계를 본위로 하고 있다.

성은 그 사람이 태어난 부계혈통의 표지이기 때문에 그 사람의 신분이나 호적에 변동이 생긴다 해도 변하지 않는 것이 우리의 전통적인 관습이었다.

즉 우리의 경우 어떤 사람이 결혼으로 '갑'의 가문에서 '을'의 가문으로 입적을 하거나 여자의 경우 혼인으로 다른 집안으로 시집을 가는 경우에도 성은 변하지 않는 것이 전통적으로 확고한 관습으로 자리잡은 것이 큰 특징이다.

이에 반하여 미국이나 유럽 등의 서양은 물론 인도나 베트남 일본 등 세계의 대부분의 나라에서 혼인한 여자가 남편의 성을 따르는 것이 일반적이다.

우리나라 성씨의 변천사

삼국시대의 성씨

우리 나라의 역사서 삼국사기 에는 삼국시대 인물들의 성씨가 많이 보인다.

고구려 건국의 시조 주몽(朱蒙)은 국호를 고구려라고 하였기 때문에 고(高)씨라고 하였는데, 주몽은 충신들에게 극(克)씨, 중실(仲室)씨, 소실(小室)씨 등을 사성하였다고 전해진다.

그런데 중국의 한서에는 주몽은 이름만 기록되어 있고, 장수왕 때에야 장수왕 이름을 고연(高璉)으로 기록하면서 처음으로 고구려 왕실의 성을 고(高)씨로 기록하였으며, 장수왕이 사신으로 보낸 고익(高翼), 마루(馬婁), 손참구, 동마 등의 이름에도 모두 성을 사용하고 있다.

고구려에는 고주몽, 즉 동명성왕이 신하들에게 내려 주었다는 극(克), 중실(仲室), 소실(少室)씨 등의 성과 유리왕이 사성 하였 다는 위(位), 우(羽)씨, 또 대무신왕이 사성하였다는 낙(絡), 부정(負鼎), 대실(大室)씨 등이 나온다.

또 제 3대 대무신왕 때의 을두지(乙豆支), 송옥구(松屋句)를 비롯하여 이후 재상급만도 목도루(穆度婁), 고복장(高福章), 명림답부(明臨答夫), 을파소(乙巴素), 고우루(高優婁), 명림어수(明臨於漱), 음우, 창조리, 을지문덕, 연개소문 등의 이름이 있고, 왕비나 왕모의 성으로 예(禮), 송(松), 우(于), 연(椽), 주(周)씨 등이 나오고 있다.

오늘날 우리가 사용하는 성씨 중에서 고구려에 연원을 두는 성씨는 극히 드물다.

고(高)씨는 고주몽의 후손이 강원도 횡성 지방에 약간 산재한다고 전해지고, 그 외의 고씨는 모두 탐라 고씨계이다.

오직 강(姜)씨가 고구려의 장군이었다는 강이식(姜以式)을 시조로 하고 있다.

백제는 왕실의 성을 처음엔 우씨(宇)에서 여(余)라 하였다가 뒤에 여씨(餘氏) 또는 부여씨(夫餘氏, 扶餘氏)로 썼다.

이는 시조인 온조왕(溫祚王)이 고대 국가인 부여에서 나왔기 때

1. 성씨(姓氏)

문이라고 한다.

백제 초기에 왕권은 이른바 8대 성의 귀족에 의해 크게 제약을 받았다. 그 8대 성이란 사(沙), 연(燕), 이, 해(解), 진(眞), 국(國), 목(木), 백씨의 8족을 말한다.

이외에 백제에는 '홀(屹)' 씨가 있었고, 목리만치, 조미걸취, 제증걸루, 고이만년, 흑치상지 등의 이름이 보인다.

그런데 중국의 여러 역사서에는 백제의 왕명을 쓸 때 모두 성을 쓰지 않고 이름만 기록하다가 13대 근초고왕부터 27대 위덕왕까지는 여(餘)씨로, 29대 무왕부터 부여(扶餘)씨로 기록하고 있다.

현재에 남아있는 백제 계통의 성씨로는 온조(溫祚)를 따라 남하하여 백제 건국에 공을 세우고 십제공신(十濟功臣)이 되었다는 전섭(全攝)과 마여(馬黎)가 있다.

또 개루왕 때의 인물인 도미(都彌)를 선계로 하는 성주도씨(星州都氏)가 있으며, 백제가 망하자 당나라로 망명하여 당 고종으로부터 서(徐)씨로 사성받고 웅진도독이 되어 귀국했다는 부여융(夫餘隆)을 시조로 하는 부여 서씨(夫餘徐氏)가 있다.

오늘날 우리가 사용하고 있는 성은 아무래도 통일국가인 신라에서 연원한 것이 많다.

신라 계통의 대표적인 성은 박(朴), 석(昔), 김(金) 3성과 이(李), 최(崔), 손(孫), 정(鄭), 배(裵), 설(薛)의 6촌성이다.

그러나 3성과 6촌성이 처음부터 이러한 한자식의 성을 가지고 있었던 것은 아니고, 후대에 당나라 문화의 영향을 받아 중국식 성을 사용하게 되면서 각각 계보를 소급하여 붙인 것이라고 한다.

보학(譜學)

그 예로 네 곳의 진흥왕의 순수비 비문에 기록되어 있는 수행자 명단을 보면 이름만 기록되어 있고 성이 없으며, 대신에 그 사람의 출신부명이 기록되어 있는 것을 들 수 있다.

이러한 예는 진지왕 때 세워진 대구의 무술오작비(戊戌塢作碑)나 진평왕 때 세워진 경주의 남산신성비(南山新城碑) 등에서도 찾아볼 수 있다.

이것으로 신라에서 7세기 초까지만 해도 아직 성씨가 쓰이지 않았다는 것을 알 수 있다.

신라 왕실에서는 24대 진흥왕 무렵부터 김씨라는 성을 사용한 것으로 보여진다.

중국 『양서(梁書)』의 「신라전(新羅傳)」에는 "신라왕 모태(慕泰)가 처음 사신을 보내왔다"고 기록되어 있는데, 모태란 23대 법흥왕을 가리킨다.

그러다가 북제서(北齊書)에 진흥왕을 김진흥(金眞興), 진평왕을 김진평(金眞平)이라고 기록하고 있다.

그 밖의 6촌성들은 이보다 훨씬 뒤인 중기에야 비로소 등장하며, 신라 말에서 고려 초에 이르러서야 많은 새 성의 등장을 보게 된다.

고려의 성씨

고려시대에 들어와서부터 성씨가 널리 보급되기 시작하였다.

후삼국을 통합했다고는 하지만 고려 개국 초기에는 중앙집권적인 정치제도도 확립되지 않았으며 각 지방은 신라 말기에 중앙의 통제력의 약화로 반란이 빈번하던 무렵이라 각 지방을 근거로 독자적인 기반을 닦고 성장한 토착세력이 사병을 거느리고 농민으로부터 조세를 거두어들이는

1. 성씨(姓氏)

등 독립적인 지위를 누리는 호족들에게 지배되고 있었다.

이에 태조 왕건은 개국 초기부터 왕권의 강화와 호족세력의 견제와 회유를 목적으로 새 왕조를 수립하는 데 공을 세운 중앙 세력과 지방호족들에게 성을 많이 하사하였다.

오늘날의 우리 성씨 중 많은 수가 이와 같은 고려 개국공신의 후예들이다.

고려의 대표적인 개국공신인 홍유는 악계 홍씨(岳溪洪氏), 배현경은 경주 배씨(慶州裵氏), 신숭겸은 평산 신씨(平山申氏), 복지겸은 면천 복씨(沔川卜氏)의 시조가 되었다.

또한 왕건이 세력을 점차 넓혀가면서 각처에서 일어나 고려 창업하는 데 공을 세운 호족들도 많았는데, 명주(溟州; 강릉)의 왕순식(王順式), 벽진(碧珍; 성주)의 이총언(李悤言), 고울부(高鬱府; 영천)의 황보능장(皇甫能長) 등이 각각 사성받았다.

왕순식은 명주의 호족으로 맏아들 수원(守元), 다른 아들 장명(長命)을 사병과 함께 보내 태조의 왕궁을 숙위하였고, 후에는 자신도 태조를 배알하여 왕씨 성과 관직을 받았다.

이총언은 아들 영(永)에게 군사를 이끌고 왕건을 돕게 했으며, 황보능장은 왕건을 도와 공을 세우고 영천부원군에 봉해졌는데, 이들 모두 자신의 근거지를 본관으로 삼아 이총언은 벽진이씨(碧珍李氏), 황보능장은 영천 황보씨(永川皇甫氏)의 시조가 되었다.

문화 유씨(文化柳氏)의 시조인 유차달(柳車達)은 황해도 유주(儒州; 문화)의 부호였는데 왕건이 견훤을 칠 때 1천 량의 수레를 동원하여 군량을 보급해 주었다고 하며, 전의 이씨(全義李氏)의 시조 이도(李棹)는 왕건이 남하할 때 금강의 물이 넘쳐서 군사들이 강을 건

보학(譜學)

너지 못하자 강을 건널 수 있게 해 주었고, 양천 허씨(陽川許氏)의 시조 허선문(許宣文)은 공암(孔巖; 양천)의 부농으로서 왕건의 군사들에게 군량을 대어 주었다고 한다.

이밖에도 고려 개국공신으로 각 성씨의 시조가 된 이들이 많다.

안동 권씨(安東權氏)의 시조 권행(權幸), 안동 김씨(安東金氏)의 시조 김선평(金宣平), 청주 한씨(淸州韓氏)의 시조 한란(韓蘭), 남양 홍씨(南陽洪氏)의 시조 홍은열(洪殷悅), 홍주 홍씨(洪州洪氏)의 시조 홍규(洪規), 인동 장씨(仁同張氏)의 시조 장정필(張貞弼), 남양 방씨(南陽房氏)의 시조 방계홍(房季洪), 원주 원씨(原州元氏)의 시조 원극유(元克猷), 파평 윤씨(坡平尹氏)의 시조 윤신달(尹莘達), 용인 이씨(龍仁李氏)의 시조 이길권(李吉卷), 청주 이씨(淸州李氏)의 시조 이능희(李能希), 면천 박씨(沔川朴氏)의 시조 박술희(朴述希), 아산 이씨(牙山李氏)의 시조 이서(李舒), 동주 최씨(東州崔氏)의 시조 최준옹(崔俊邕), 풍양 조씨(豊壤趙氏)의 시조 조맹(趙孟), 영광 전씨(靈光田氏)의 시조 전종회(田宗會), 선산 김씨(善山金氏)의 시조 김선궁(金宣弓), 해평 김씨(海平金氏)의 시조 김훤술(金萱述), 봉화 금씨(奉化琴氏)의 시조 금용식(琴用式) 등이 대표적이다.

이들 가운데 권행은 원래 김씨였으나 권씨 성을 하사받았고, 그 외에는 성을 하사 받았다는 기록이 따로 없는 것으로 보아 고려 건국 이전부터 사용하던 성으로 추정된다.

이 외에도 새 왕조에 협력하지 않은 채 남아있던 향리의 호장들의 경우 각각의 향리의 장으로 삼아 강제로 새 왕조에 귀속시켰다.

1. 성씨(姓氏)

 그 예로는 신라에서 벼슬을 살던 성주 이씨(星州李氏)의 시조 이순유(李純由)는 고려가 건국되자 이에 불복하고 이름을 극신(克臣)으로 고쳐 경산(慶山; 성주)에 숨어살다가 경산부의 호장으로 강제로 귀속되었고, 역시 신라의 신하였던 기계 유씨(杞溪兪氏)의 시조 유의신(兪義臣)은 기계현의 호장이 되었다.

 이 밖에도 호장이었던 인물을 시조로 하고 있는 성씨로는 광주 이씨(廣州李氏), 한산 이씨(韓山李氏), 진성 이씨(眞城李氏), 합천 이씨(陜川李氏), 덕산 이씨(德山李氏), 고흥 유씨(高興柳氏), 단양 우씨(丹陽禹氏), 고령 신씨(高靈申氏), 순창 조씨(淳昌趙氏), 동래 정씨(東萊鄭氏), 봉화 정씨(奉化鄭氏), 창녕 성씨(昌寧成氏), 예안 김씨(禮安金氏), 반남 박씨(潘南朴氏), 양주 조씨(楊州趙氏), 무송 윤씨(茂松尹氏), 목천 상씨(木川尚氏) 등이 있다.

 위에 든 성씨 이외에도 고려 초기의 인물을 시조로 하고 있는 성씨가 많은 것으로 보아 신라 말부터 고려초에 이르는 사이에 지방 호족이나 고려의 공신들이 대부분 왕으로부터 성을 하사 받거나 성을 만들어 가졌다고 보여지며, 고려에 들어와서는 성씨 앞에 세력의 본거지인 지역을 본관을 표시하여 혈족 계통을 구별하였다.

 그러나 이때까지도 성씨는 특권층만의 것이었고 일반화되지는 않았는데, 958년(광종 9)부터 실시된 과거제도가 정착되면서 성씨가 널리 보급되고 일반화되었다.

 과거에 응시하기 위해서는 반드시 성을 가져야 하고 출신지인 본관을 밝혀야 했는데, 1055년(문종 9)에 이르러서는 응시자의 성명, 본관, 4대조까지의 이름을 써서 풀로 봉하여 미리 시원(試院)에 제출하도록 하는 봉미(封彌)제도를 시행되었다.

이로써 성은 신분의 상승과 유지에 필수요소가 되었고 이로서 더욱 널리 확대 보급되었다.

조선의 성씨

조선 건국 후에도 고려시대의 정책이 계승되어 대부분의 사람들이 성을 사용하게 되었다.

그러나 전체 인구의 절반 가량에 이르는 노비를 비롯한 천민계층은 조선조 초기까지도 성을 갖지 못한 무성층(無姓層)이었다.

이러한 천민 층까지 성을 갖게 된 것은 신분체제가 붕괴되기 시작한 임진왜란 후인 16세기말부터 한말에 이르러서이다.

임진왜란으로 군사체제의 개편이 불가피하게 되자 그때까지 병역의무가 없던 천민 층까지 모두 징발 당하게 되었는데, 이들이 전쟁 중에 공을 세우면 평민 신분으로 올려 주는 일이 빈번하였다.

임진왜란 후 사회체제의 변동에 따라 천민들이 하급관리로 등용되기도 하는 등 양민층 이상만 가질 수 있었던 성을 노비들까지도 갖게 되었다. 이후 1894년 갑오경장으로 종래의 신분계급이 타파됨으로써 성의 대중화와 일반화가 촉진되었으며, 1909년 민적법(民籍法)이 시행되면서 누구나 다 성을 갖게 되었다.

그러자 성을 가질 수 없었던 계층이 본인의 희망에 따라 관청에서 마음대로 성을 지어 적을 올려주거나 노비의 경우 상전의 성을 따르면서 인구가 많은 김·이·박 같은 대성들은 그 수가 급격히 늘게 되었다.

한편 조선시대에는 성을 새로 만들 때 중국을 따르려는 사대풍조에

1. 성씨(姓氏)

의해 중국의 성현이나 명문거족의 성을 사용하여 그들의 후예인 것처럼 자처하는 일이 많았으므로 성의 기원이 비록 중국이라 하더라도 그 성을 가진 사람의 조상이 중국인이었다고 볼 수는 없는 것이 일반적이다.

우리 나라 최초의 성씨관련 자료로 평가되는 세종실록지리지 에는 250여 개의 성이 기록되어 있고, 1486년(성종 17)에 편찬된 『동국여지승람』에는 이전에 소멸된 성씨를 포함하여 277성이 기록되어 있다.

한편 영조 때의 영의정 이의현(李宜顯)이 편찬한 『도곡총설(陶谷叢說)』은 우리 나라 성씨의 수를 298개로 쓰고 있고, 『증보문헌비고(增補文獻備考)』에는 삼국시대 이후의 성이 총망라되어 496성이 수록되어 있다.

일제시대의 성씨

한일합방 후 1940년 2월 조선총독으로 있던 미나미 지로(南次郞)는 일본은 내선일체, 동조동근(同祖同根)이라는 명목 아래 강제로 우리 고유의 성씨를 버리고 일본식 성을 만들어 표기하게 하는 창씨개명을 실시하였다.

창씨개명에 응한 가구수는 처음 6개월 동안 7퍼센트에 불과했으나 유명인을 이용하여 선동하거나 감당하기 힘든 엄청난 불이익을 주면서 강제하였다.

응하지 않는 사람들에게는 자녀의 학교 입학 금지, 취업불가, 행정민원 서류 취급불가, 미행 사찰, 우선적 노무 징용, 식량 배급 금지, 우편배달 제외 등의 불이익을 안기니 창씨개명에 끝까지 반대하여 우리의 성씨를 그대로 보존하였던 사람도 있었으나 결국 80퍼센트에 육박하는 국민이 창씨개명을 하였다.

그러나 성이란 절대로 바꿀 수 없다는 관념이 철저한 우리 민족은 성뿌리를 보존하고 계승하기 위해 일본식의 두 글자 성을 만들면서도 우리 고유의 성과 본을 인용하였다.

그 예로 전주 이씨는 이가(李家), 김해 김씨는 김해(金海), 평산 신씨는 평산(平山), 파평 윤씨는 파평(坡平) 등으로 고쳤다.

현대의 성씨

오늘날에는 계층과 직종에 관계없이 누구나 성과 본을 가지고 있다. 그러나 전근대사회에서는 성씨가 신분과 특권을 표시하거나 존칭 또는 비칭으로 사용되었는데, 한 예로 이씨나 김씨라 이르면 양반신분을, 이성이나 김성 혹은 이가나 김가라 이르면 상민 이하의 신분을 지칭하였다.

또는 역적이나 모반의 죄를 범하면 신분이 천민으로 전락되기 때문에 성을 쓸 수 없었으며, 승려로 출가하여도 성을 쓰지 않았다.

성씨는 왕실부터 시작하여 귀족, 관리, 양민, 천민 순으로 보급되어 왔기 때문에 특권시 되고 신성시되어 득성유래와 시조의 탄생에 관한 신화와 민담이 많이 전승되고 있다.

또한 성씨관념과 관련 있는 관습과 민속이 현대에도 많이 남아 있는데, 가령 자녀의 혼인에 있어 특정 성을 선호하거나 금기하는 관행이 있다.

우리나라는 성과 본에 관한 법적 규정은 전통적인 관습에 따라 '성불변의 원칙'과 '부부각성주의'를 택해왔다.

1. 성씨(姓氏)

즉 성은 원칙적으로 부계혈통을 표시하며, 성의 변경은 특수한 경우 이외에는 인정하지 않는다.

그러나 입부혼인제도(入婦婚姻制度)를 인정하여 입부혼인에 의한 출생자의 경우에는 어머니의 성과 본을 따를 수 있는데, 서양자(데릴사위)의 자녀의 성과 본의 경우에는 아버지의 성과 본을 따르도록 하지만 이 경우에도 입부 혼인의 경우와 같이 부가 처가에 입양하여 그 출생자는 모가의 성과 본을 따르는 것으로 해석되고 있다.

신민법에는 무남독녀가 호주 또는 호주상속인인 경우라 할지라도 반드시 입부혼인을 하여야 하는 것은 아니지만, 입부혼인을 한 경우 부부는 처의 주소나 거소에 동거해야 하며, 그 부부 사이의 출생자녀는 모의 성과 본을 따르고 모의 가에 입적한다는 조항을 두고 있다.

그러나 현대의 가장 큰 특징인 여권의 신장과 활발한 사회참여로 인하여 전통적인 부계위주의 가부장적 가족구조가 느슨해지면서 기본의 호주제를 근간으로 한 가족법의 개정요구가 끊임없이 제기되어 왔다. 핵가족 위주의 가족구조와 이혼율의 증가와 재혼 등으로 발생되는 다양한 사회 현실은 2005년에 호주제폐지를 이끌어냈다.

이로써 성불변주의와 부계혈통에 절대적 우위를 두었던 기존의 성씨에 관한 관념도 크게 달라지게 되었으며, 자녀가 따를 수 있는 성과 본에 대한 인식도 많이 바뀌게 되었다.

하지만 성씨는 우리 사회의 가장 기본적인 단위에서 전체구조를 아우르는 근본적인 얼개를 보여주는 귀한 특징이며, 성씨의 역사는 바로 이 땅의 사람들이 어떻게 분화되고 성장하여 오늘에 이르렀는지를 대변해주는 바탕의 역사라는 사실에는 변함이 없다.

외국의 성씨

외국이나 유럽 등의 기독교 문화권 국가에서는 아이가 태어나면 교회에 가서 세례와 세례명을 받는데, 이것을 퍼스트 네임(First Name)이라 하고 일상생활에서 보통 이 이름을 쓴다.

이 이름을 2~3개씩 지어주는 경우도 있고, 자기가 좋아하는 사람이나 유명인사의 이름을 따서 지어주는 경우도 많다.

법률상 강제조항은 아니나 출가한 여자의 경우 보통 남편의 성을 따르는데, 원칙적으로는 결혼 전의 성을 그대로 가질 수 있고 자유로이 바꿀 수 있다.

러시아에서는 강한 부권중심의 사회로 부친의 이름을 반드시 따른다.

러시아인의 이름은 세 개로 구성되어 있는데, 첫째는 개인 이름, 둘째는 아버지 이름, 셋째는 대대로 내려온 성이다.

여성은 결혼은 대개 남편의 성을 따르는데, 이름 끝의 어미를 약간 변형해서 쓴다.

예를 들면 도스토예프스키의 부인은 도스토예프스카야, 톨스토이 부인은 톨스토야라 한다.

대만은 독특한 성씨 체계를 가지고 있는데 여성은 혼인한 후 자신의 본성에 남편의 성을 얹어서 사용한다.

즉 '남편의 성+자신의 성+이름'의 형식을 취하는 복성주의(複姓主

1. 성씨(姓氏)

義)를 택하고 있다.

일본은 세계적으로 가장 많은 성씨인 20만 개가 넘는 성씨를 가지고 있는 나라인데, 그 중 많이 쓰이는 성씨는 300여 개 정도이다.

본래 일반 평민들은 성이 없었으나 명치유신 이후 호적제도가 만들어지면서 급격하게 생겨났다.

그러나 우리나라와는 달리 성씨에 대한 관념이 희박한 편으로 성이 없어도 큰 불편함을 몰랐던 평민들이 즉흥적이고 자의적으로 성을 만들어낸 결과라고 한다.

현재 일본에서 가장 인구가 많은 성은 사토(佐藤), 스즈키(鈴木), 다카하시(高橋), 이토(伊藤) 등의 순이다.

본관이란

시대의 흐름에 따라 성씨가 점차적으로 확대되면서 같은 성씨라 하더라도 계통이 달라서 그 근본을 명확하게 구분하기가 어려웠으므로 동족 여부를 가리기 위해 본관이 필연적으로 등장하게 되었다.

본관의 관(貫)은 본래 돈을 말하는 것으로, 돈을 한 줄에 꿰어 묶어 가지고 다니는 것과 같이 친족이란 서로 관련성을 갖고 있다는 뜻이다.

본관은 시조나 중시조의 출신지 또는 정착 세거지를 근거로 호칭하는 것이 대부분이다.

또 봉군칭호를 따라 정하는 경우가 있다.

우리 나라 성씨에 나타난 본관의 수를 살펴보면, 『동국만성보(東國萬姓譜)』에는 김씨가 120본, 이씨가 116본, 박씨가 51본, 최씨가 43본, 정씨가

보학(譜學)

35본 등이며, 1930년 국세조사의 기록에 보면 김씨가 85본, 이씨가 103본, 박씨 34본, 최씨 34본, 정씨가 35본 등으로 되어 있다.

본관 현황

우리나라 대표적 성씨의 본관수를 보면, 동국만성보에는 김씨 120본, 이씨 116본, 박씨 51본, 최씨 43본, 정씨가 35본 등으로 기록되어 있다.

1930년의 국세조사에 의한 기록에는 김씨 85본, 이씨가 103본, 박씨 34본, 최씨 34본, 정씨 35본 등으로 나타나 있다.

최근 2000년도의 인구조사 통계를 통해 성씨 본관별 인구를 보면 김해 김씨가 4,125천명(9.0%)으로 가장 많으며, 밀양 박씨(6.6%), 전주 이씨(5.7%) 등의 순으로 나타났다.

통계 조사된 성씨는 총 286개(귀화인 제외), 4,179개 본관이며, 85년도 조사 이후 만들어진 신규 본관이 15개 포함된 것으로 보고되었다.

1. 성씨(姓氏)

▶ 성씨 본관별 상위 50위 인구현황 (2000.11.)

(단위 : 천 명)

No.	본관성씨(本貫姓氏)	인수수(人口數)	No.	본관성씨(本貫姓氏)	인수수(人口數)
1.	김해김씨(金海金氏)	3,124,934	28.	문화류씨(文化柳氏)	284,083
2.	밀양박씨(密陽朴氏)	3,031,478	29.	밀양손씨(密陽孫氏)	274,665
3.	전주이씨(全州李氏)	2,609,890	30.	함안조씨(咸安趙氏)	259,196
4.	경주김씨(慶州金氏)	1,736,798	31.	의성김씨(義城金氏)	253,309
5.	경주이씨(慶州李氏)	1,424,866	32.	창원황씨(昌原黃氏)	252,814
6.	경주최씨(慶州崔氏)	976,820	33.	진주정씨(晋州鄭氏)	238,505
7.	진주강씨(晋州姜氏)	966,710	34.	나주임씨(羅州林氏)	236,877
8.	광산김씨(光山金氏)	837,008	35.	여산송씨(礪山宋氏)	232,753
9.	파평윤씨(坡平尹氏)	713,947	36.	남원양씨(南原梁氏)	218,546
10.	청주한씨(淸州韓氏)	642,992	37.	연일정씨(延日鄭氏)	216,510
11.	안동권씨(安東權氏)	629,291	38.	청송심씨(靑松沈氏)	212,717
12.	인동장씨(仁同張氏)	591,315	39.	평택임씨(平澤林氏)	210,089
13.	김녕김씨(金寧金氏)	513,015	40.	은진송씨(恩津宋氏)	208,816
14.	평산신씨(平山申氏)	496,874	41-1.	김해김씨(金海金氏:법흥파)	
15.	순흥안씨(順興安氏)	468,827			199,544
16.	동래정씨(東萊鄭氏)	442,363	41-2.	김해김씨(金海金氏:사성)	
17.	달성서씨(達城徐氏)	429,353			199,544
18.	안동김씨(安東金氏:구)	425,264	42.	성주이씨(星州李氏)	186,188
19.	해주오씨(海州吳氏)	422,735	43.	해주최씨(海州崔氏)	181,840
20.	전주최씨(全州崔氏)	392,548	44.	강릉유씨(江陵劉氏)	178,913
21.	남평문씨(南平文氏)	380,530	45.	이천서씨(利川徐氏)	172,072
22.	남양홍씨(南陽洪氏:당홍)	379,708	46.	창녕성씨(昌寧成氏)	167,903
23.	창녕조씨(昌寧曺氏)	338,222	47.	강릉김씨(江陵金氏)	165,953
24.	제주고씨(濟州高氏)	325,950	48.	단양우씨(丹陽禹氏)	162,479
25.	수원백씨(水原白氏)	316,535	49.	연안차씨(延安車氏)	161,325
26.	한양조씨(漢陽趙氏)	307,746	50.	하동정씨(河東鄭氏)	158,396
27.	경주정씨(慶州鄭氏)	303,443			

보학(譜學)

성씨와 본관

우리나라에서는 성은 같으나 시조가 다른 경우가 많아 반드시 본관까지 같아야 동족이 된다.

그러나 이는 어디까지나 원칙론일 뿐 각 성씨별로 그 연원과 유래가 다르고 복잡한데, 대표적인 분류는 다음과 같다.

동족동본의 동성

같은 시조에 같은 본, 같은 성을 사용하는 경우로 근친혼의 불합리성과 윤리적 가치관 때문에 혼인을 금지하고 있었으나 최근 들어 많은 사회적 문제가 제기되자 금혼법이 해제되었다.

이족동본의 동성

성과 본은 같지만 그 근원은 달라 사실상 혈통문제가 전혀 없는 경우이다. 대표적인 예로 남양 홍씨는 당홍(唐洪 : 당나라로부터 귀화한 홍은열이 시조)과 토홍(土洪 : 홍선행이 시조)으로 구분되는데 계통은 다르다.

동족이본의 동성

시조와 본이 모두 다른 경우이다.

강릉 김씨와 광주 김씨의 경우 같은 김알지 계통이며, 고부 최씨와 경주 최씨도 시조와 본은 다르지만 같은 최치원 계통이다.

1. 성씨(姓氏)

이족이본의 동성

같은 성을 쓰면서도 조상이 달라 아무런 계통관계가 없다. 가락국의 김수로왕 계통의 김해 김씨와 신라의 김알지 계통의 경주 김씨의 경우와 같다.

동족의 동본이성

성과 본을 같이 하면서도 성씨만을 다르게 사용하는 경우로, 김해 김씨와 김해 허씨는 같은 김수로왕의 후손이나 성만 달리하므로 혼인하지 않는다.

이족의 동본이성

같은 지역을 본관으로 하는 다른 성씨이다.
예를 들어 경주을 본관으로 쓰는 성씨만 해도 경주 이씨, 경주 김씨, 경주 손씨 등으로 많은 것처럼 가장 흔한 경우이다.

보학(譜學)

2. 족보(族譜)

족보의 의의

족보는 같은 씨족 혹은 동족의 시조로부터 족보 편찬 당시의 자손까지의 계보를 기록한 책으로 족보를 통하여 종적으로는 시조로부터 현재의 동족원 까지의 세계(世系)를 알 수 있고, 횡적으로는 현재의 동족 및 상호의 혈연적 관계를 알 수 있다.

족보는 성과 본관이 같은 부계친족을 동일 씨족의 관향을 중심으로 씨족의 발원에 대한 사적과 시조 이하 세계의 개통을 수록함과 동시 현존 동족원들을 망라하여 동족의 근원과 그 분포를 알릴 목적으로 편수한 역사책이라고 할 수 있다.

우리 조상들은 가계(家系)의 계승을 가장 중요한 가업으로 여겨왔는데, 이것이 제대로 되어야 위로는 조상을 높이고 아래로는 자손의 번영을 이룰 수 있다고 믿었기 때문이다.

공동체와 혈연가족의식이 특히 강한 우리 민족에게 족보는 개인의 정체성과 뿌리를 알려주는 근본이 되는 역사책으로 오늘날에도 그 가치와 중요성은 사라지지 않고 있다.

족보와 보학의 종주국이라 자처할 수 있는 중국이나 우리나라 뿐 아니라 서양에서 족보가 나름대로 발달해왔는데, 영국, 프랑스, 독일, 스웨덴, 네덜란드, 오스트리아, 이탈리아 등을 꼽을 수 있다.

나라마다 족보학회가 있어 정기적으로 족보학 학술회의를 열기도 한다. 그 중에서도 미국의 족보학회는 1895년에 창립되어 미국 내에 수백 개소의 지회를 갖고 활발한 활동을 하고 있다.

2. 족보(族譜)

　보학은 족보를 연구하는 학문으로 옛날에는 벼슬아치나 선비들의 교양 학문이었으며, 오늘날에도 보학은 사학은 물론 사회학, 정치학, 행정학, 민법학, 민속학 등의 보조 학문으로서 중요한 비중을 차지하고 있다.
　즉 정치 권력의 이동이라든가 사회 계층의 변동을 연구하는 데는 물론 인사제도, 가족제도와 가족법, 자연부락의 조직 및 생태 등을 연구하는 데에도 족보를 기초 자료로 삼게 된다.
　보학은 모든 성씨의 관별(貫別) 또는 같은 뿌리를 가진 시조(始祖)의 혈통을 이어받아 오는 동족의 씨족사적인 족보를 비롯하여 전기, 행장(行狀), 문집(文集) 등의 기록문을 연구하는 학문이다.

족보의 역사

　족보는 한 종족의 계통을 부계 중심으로 체계적으로 나타낸 기록으로, 동일 혈족의 원류를 밝히고 그 혈통을 존중하고 계승하며, 자랑스러운 조상의 행적을 답습하고 동족간의 화목을 도모하기 위한 한 가문의 역사책이다.
　인구가 늘어나면서 성이 중복되고, 한 성씨를 가진 자손들의 숫자가 늘어나면서 그 계통을 밝히기가 어렵게 되었다.
　따라서 그 계통을 일목요연하게 밝히기 위해 계보를 만들었는데, 우리 조상들은 고려시대에 이를 처음으로 기록하기 시작했다.
　그러다가 조선시대에 들어와 일가붙이가 많아지고 문벌의식이 높아지면서 족보만들기가 유행했다.
　이는 조선시대에 유교를 숭상하면서 신분질서가 강화되고, 제

보학(譜學)

사의식 등 조상숭배사상이 퍼지며, 문벌이 강화되고 남녀의 차별이 굳어지게 된 시대풍토를 반영한 것이기도 하다.

우리 나라의 족보는 중국의 성씨제도(姓氏制度)인 한식 씨족제도(漢式氏族制度)를 근본으로 삼고 발전하여 정착했는데, 그 시기는 1,000여 년 전인 신라 말에서 고려 초기인 것으로 추정된다.

족보는 처음 귀족사이에서 가첩(家牒)이나 사보(私報)로 기록하여 왔는데, 이러한 가계기록은 고려시대를 거쳐 조선 중기에 오면서 족보 형태를 갖추는 가승(家乘), 내외보(內外譜), 팔고조도(八高祖圖)로 발전하게 된다.

우리 나라에서 최초로 발간된 족보는 조선초기인 세종 5년(1423)에 간행된 문화류씨영락족보(文化柳氏永樂族譜) 로 알려져 있으나 그 서문만 전할 뿐이다.

그후 성종 7년(1476)에 간행되어 현재 규장각에 보관되어 있는 안동권씨성화보(安東權氏成化譜) 가 최초로 가장 체계화된 족보로 알려져 있다.

또 문화류씨가정보(文化柳氏嘉靖譜) 도 명종 17년(1562, 10책)년에 간행되어 오늘날까지 전하는데, 완벽한 체계를 갖추었을 뿐만 아니라 외손까지도 상세히 기록되어 있어 후일에 여러 족보를 만드는 데 좋은 모형이 되었다.

이 밖에 조선초기 간행된 족보는 남양홍씨(南陽洪氏,1454), 전의이씨(全義李氏, 1476), 여흥민씨(驪興閔氏, 1478), 창녕성씨(昌寧成氏, 1493) 등의 족보가 있다.

조선초기의 족보는 시대상황을 반영하여 친손, 외손의 차별이 없이 모두 수

2. 족보(族譜)

록하고 있으며, 선남후녀(先男後女)에 관계없이 연령순위로 기재하고 있다.

족보가 더욱 일반화되기는 선조시대 중엽(1567~1608)부터이다.

문벌이 강화되자 각 문벌들은 일족의 유대를 공고히 하기 위한 방편으로 족보를 동원하였고, 이것이 족보를 발전시키는 계기가 되었다.

한편 족보는 조선후기, 현대로 오면서 천민과 양반 사이의 신분이 엄격했던 조선초기와는 달리 본인과 후손의 사회적 신분을 유지하고 향상시키기 위한 증표구실로 뚜렷한 고증도 없이 미화하거나 과장, 조작하여 간행하는 일들이 많았다.

특히 1909년 민적법(民籍法)이 시행되면서 누구나 성(姓)과 본(本)을 가지게 되었을 뿐만 아니라 족보를 사고 팔거나 훔치는 일이 있어 동족 및 상호의 혈연적 친근원소(親近遠疎)의 관계가 의심스럽게 된 점도 있다.

족보의 유래와 변천사

족보의 유래

족보는 중국 왕실의 왕실계통의 제왕연표를 기술했던 것에서 시작되었는데, 주나라 때부터 발달하였다고 한다.

일반적인 보학은 한나라 때부터 시작되었다고 보는데, 사마천의 사기(史記)의 영향을 받으면서 후한 이후부터 고관을 배출하던 씨족들이 늘어나게 되니 문벌과 가풍을 중하게 여기는 경향이 생기게 되었고, 벼슬에 오르거나 승진과 혼인 등에까지 영향을 미치게 되었다.

이로써 각 종족은 자신의 가문의 문벌과 계통을 기록할 필요성이 더욱 커지게 되었다.

보학(譜學)

우리 나라에서의 고려 때 왕실의 계통을 기록한 데서부터 시작되었는데, 의종조에 김관의의 왕대실록 이 그 효시이다.

고려시대에는 동족간에 족보를 만들었다는 기록은 없으나 고려사 의 '열전' 에 부자 관계가 밝혀져 있어 후대에 나온 각 씨족들이 족보를 만드는 근원이 된 경우가 많았다.

또한 이 책을 관청에 보관하여 관리를 선발하거나 과거에 응시하는 사람의 신분을 확인하거나 결혼하는 데에도 이용하였는데 그 기록문서는 종부시라는 관청에서 관리하였을 만큼 신분제도의 유지와 관리에 중히 쓰였다.

중국의 최초의 족보

북송의 대문장가인 소순, 소식, 소철 삼형제에 의해 만들어진 족보는 '소보(蘇譜)' 라 불릴 만큼 뛰어나서 후세의 표본으로 삼아졌으며, 남북조 시대에 이르러서는 하나의 학문으로서 보학을 연구하기에 이르렀다.

보학 연구의 선구자라고 불리는 남조의 제나라 사람 가희경(賈希鏡)은 3대가 모두 보학에 밝았는데, 중국 전토 각 사족의 족보를 총망라하여 1백질 7백 권에 달하는 방대한 저서를 만들어내니 이것이 사인 족보의 시초로 가장 정확한 계보로 일컬어진다.

우리나라 최초의 족보

우리 나라에서 동성동본의 혈족 전부를 체계적으로 망라한 세보가

2. 족보(族譜)

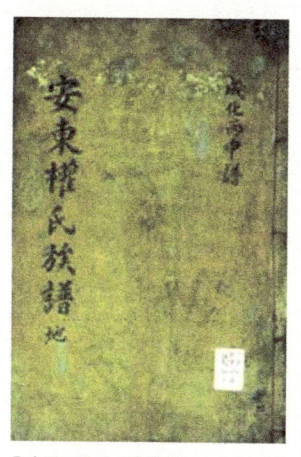

『안동 권씨 성화보』

등장하기는 1400년대 들어서이다.

기록에 전하는 우리 나라 최초의 족보는 423년(세종 5)의 『문화 류씨 영락보』인데 서문만 전할 뿐 전하지 않는다.

현존하는 최고의 족보는 현재 규장각에 보관되어 있는 『안동 권씨 성화보』와 『문화 유씨 가정보』를 꼽는다.

1476년(성종 7)에 간행된 성화보는 중간본만 전해지며, 이보다 86년 늦은 1562년에 간행된 문화 유씨의 가정보는 완벽한 체계를 갖추었을 뿐 아니라 외손까지도 상세히 기록되어 있어 그 후에 여러 족보를 만드는 데 좋은 모범이 되었다.

족보의 변천사

족보는 처음부터 왕실의 왕족 계보에서 시작되어 유력한 씨족의 전유물이었으나, 우리나라의 경우 유교를 바탕으로 한 안정된 신분제 사회를 구현했던 조선시대에 들어와서 양적으로 질적으로 급속히 확대되어 수많은 성씨와 관향에서 족보를 편성하고 간행하는 것이 일반화 되었다.

우리 나라에서 역대 왕과 왕족의 계보를 체계화하여 남긴 최초의 문헌은 신라 말기 최치원이 저술한 『제왕연대력』이다.

이후 고려시대에는 초기부터 성씨 체계의 토대를 마련하였고 중엽

보학(譜學)

이후에는 왕대실록, 선원록 등이 작성되었다.

종부시를 중앙 부서에 두고 왕실의 보첩류를 맡아보게 하여 왕대 연표와 왕자들에 대한 전기 등을 수록하여 왔다.

조선조에서도 종부시를 두었으며, 1412년(태종 12)에 『선원록』과 『종친록』을 만들었고 종실 내부에서 적서의 명확한 구분을 위하여 『국조보첩』, 『당대선원록』, 『열성팔고조도』 등과 외척과 부마를 수록한 『돈녕보첩』을 편찬하였다.

1679년(숙종 5)에는 선조의 친손인 낭원군 반(伴)의 상소로 『선원계보기략』의 간행되었는데, 이 책은 1931년에 이르기까지 각 왕대에서 교정 보완되어 신하들에게 반포되었다.

1680년에는 선원록 50권이 출간되었는데, 이후 왕실에서는 교정청을 수시로 별도 설치하여 수정업무를 보았고, 1757년부터는 종부시에서, 1864년부터는 종친부에서 주관하여 그 업무를 맡아보았다.

특히 『국조보첩』에는 태조 이래의 세계와 함께 왕과 왕비의 존호, 탄생, 승하, 능침, 자녀 등에 관하여 기재함은 물론 종친간의 배위, 혼인관계, 생몰 연월일 등도 상세히 알 수 있도록 기록되어 있다.

이는 타의 추종을 불허하는 세계 최고의 보첩기록술로 평가되고 있다.

왕실을 중심으로 하여 몇몇 유력한 씨족만이 지녔던 족보가 조선시대에 들어와 더욱 편성과 간행이 활성화되었는데, 이는 동성불혼과 계급내혼제의 강화, 소목질서 및 존비구별의 명확화, 적서의 구분, 친소의 구분 등의 신분세습구조의 강화와 안정을 위해 지배계급인 양반층에게 족보의 의미가 더욱 부각되

2. 족보(族譜)

었기 때문이다.

선조조에 이르러서 족보의 일반화는 더욱 촉진되는데, 당쟁이 가열되어 점차 문벌간의 대결이라는 양상을 띠게 된 것이 큰 요인이라고 보여진다. 이 과정에서 족보는 혈통을 존중하고 동족끼리의 유대를 돈독히 하는데 큰 역할을 하였다.

또한 임진왜란과 병자호란 등의 전란을 겪는 과정에서 종래의 엄격했던 신분제도가 해이해짐에 따라 동족의 명부라고 할 족보를 만들어 다른 혈족이 혈통을 사칭하는 것을 막으려는 필요성이 생긴 것도 수보사업을 활발하게 한 하나의 요인이다.

오늘날에는 대가족제도의 붕괴와 핵가족화로 족보의 중요성과 필요성은 약화되고 쇠퇴하여왔으며, 한자 위주의 어려운 내용으로 인하여 한글 세대인 젊은이들에게 더욱 거리가 있는 것이 현실이다. 최근 들어 보첩을 한글로 풀어서 만들거나 유적 유물의 사진을 중심으로 한 사진첩이나 비디오 영상매체가 많이 제작되고 있다.

또한 인터넷의 활발한 보급으로 각 종친회를 중심으로 하여 홈페이지를 통한 홍보와 자료제공도 점차 늘어나고 있다.

족보의 종류

족보는 동족의 세계(世系)를 기록한 역사이기 때문에 족보를 통하여 종적으로는 시조로부터 현재의 후손까지의 세계와 관계를 알 수 있고, 횡적으로는 현재의 같은 혈족간의 상호 혈연적 친근원소(親近遠疎)의 관계를 알 수 있다.

족보에 수록되는 동족 범위에 의하여 보첩을 구분하면 일반적으로 한 동족(同姓同本)의 전체를 수록한 계보(系譜)와 한 동족안의 분파(分派)의 세계(世系)만을 수록하는 파보(派譜), 국내 족보 전반을 망라하는 계보서(系譜書) 등 크게 3종으로 나누어 볼 수 있는데, 보첩(譜牒)의 일반적 명칭은 세보(世譜), 족보(族譜), 파보(派譜), 가승(家乘), 세계(世系), 중간보(重刊譜), 속보(續譜), 대동보(大同譜), 가보(家譜), 가승보(家乘譜), 계보(系譜) 등 약 60여 종이나 된다.

대동보

대동보(大同譜)는 같은 시조 밑의 중시조 마다 각각 다른 본관을 가지고 있는 씨족간에 종합 편찬된 족보이다.

즉 본관은 각기 다르되 시조가 같은 여러 종족이 함께 통합해서 만든 보책이다.

한 성씨의 시조 이하 동계혈족의 동족간에 분파된 파계를 한데 모아 대동해 집대성한 것으로 각 파의 분파조는 시조로부터 몇 세손이며 어느 대에서 분파되어 파조되었는가를 한 눈에 볼 수 있도록 계통을 수록한다.

자손이 번성한 성씨는 수십의 계통으로 분파되게 된다.

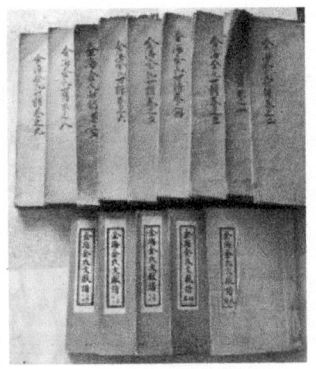

김해김씨 대동보

2. 족보(族譜)

　파를 구별하는 것은 후손들 각자의 혈연적인 계통을 분명하게 밝히고 촌수를 명확히 하려는데 있다.
　그래서 가령 어느 선조 때 특출한 형제가 나거나 딴 지방으로 전거하는 선조가 생기면 그 후손들은 각각 별개의 파로 구분되고, 또 그 각각의 파는 아랫대로 내려오면서 그러한 분화 작용을 되풀이하게 마련이다.
　이런 경우 파의 명칭은 파조의 관작명이나 시호, 또는 아호를 따거나 자손이 오래 세거한 지명을 따서 부르는 것이 통례로 되어 있다.

파 보

　파보(派譜)는 동일한 계통의 시조에서 갈라진 해당 파계(派系)만을 수록하는 족보이다.
　이는 각파의 문중의 후손에 대해 상세히 수록할 수 없는 대동보와 구별된다.
　즉 각 파문에서 원하는 명단만을 등재하는 경우가 보통이다.

세 보

　세보(世譜)는 동일 종파 이상의 시조 이하 각 파계를 동보로 함을 말하는데 내용은 파보와 동일하며, 대부분 동일 계파의 계통만을 수록하는 경우라도 각 분파조를 밝혀 어느 몇 대조 세대에 갑파, 을파가 갈리어 갔다는 것과 분파조의 행적 등을 명기해 수록 편수하는 것이다.
　세지라고도 한다.

보학(譜學)

가승보

가승보(家乘譜)란 시조 이하 중조, 파조를 거쳐 본인에 이르기까지의 직계 존속만을 수록한 가첩이다.

시조로부터 자신까지 이어져 오는 직계를 계통적으로 기록한 계보이므로 방계의 혈연 관계를 파악하기가 어렵다.

본인의 고조부 이하는 전부 수록해 재종, 삼종, 형제 자매까지 알아볼 수 있다.

본인을 중심으로 편찬하되, 시조로부터 시작하여 자기의 직계존속과 비속에 이르기까지 이름자와 사적을 기록한 것으로 보첩편찬의 기본이 되는 문헌이다.

계 보

계보(系譜)란 다른 가첩류와 달리 시조 이하 동족간의 계통과 소목을 밝히기 위해 명(名), 휘(諱), 자(字)만을 수록한 분파계열도를 말하는데, 요즈음은 족보를 수록 편수할 때 거의가 분파계열도를 족보의 앞부분에 등 재해 세대의 소목을 알리는 데 참고가 되도록 한다.

만성보

만성보(萬姓譜)란 각 성씨의 관향별로 시조 이하 중조, 파조 등 족보에서 큰 줄기를 추려내어 집성하여 요약 수록한 것으로 만성대동보라고도 한다.

2. 족보(族譜)

팔고조도

팔고조도(八高祖圖)는 4대까지 할아버지, 할머니 및 외할아버지, 외할머니를 계통적으로 배열한 도표로서 할아버지의 할아버지, 외할아버지의 외할아버지, 할머니의 할아버지, 할머니의 외할아버지, 외할머니의 할아버지, 외할머니의 외할아버지를 도표식으로 기록한 것이다.

이는 보통 족보의 기록 순서와 반대인데, 족보는 시조로부터 밑으로 퍼져 내려오는데 비해 팔고조도는 나로부터 위로 거슬러 올라가며 기록한다.

▶ 팔고조도 예

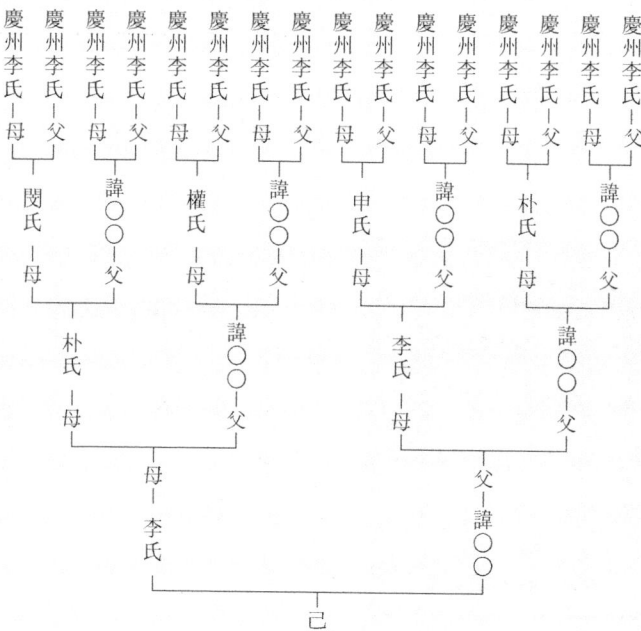

보학(譜學)

족보의 구성

족보 편찬위원회에서 의결한 보유에 따라 편찬하는 것이 원칙이나 그 순서가 정해져 있지 않으며, 다만 다음과 같은 순서에 의해 구성하는 것이 보통이다.

표지

표지의 색깔은 황색 계통을 쓰는데, 이는 흙을 상징한다.

족보의 제본 방법은 삼강오륜(三綱五倫)에 기반을 둔 것으로, 세 가닥으로 꼬인 실로 책을 묶어 삼강(三綱)을, 책을 꿰매기 위해 뚫은 다섯 개의 구멍으로 오륜(五倫)을 각각 상징한다.

표지에는 족보의 명칭만 쓰는 것이 일반적이다.

그림 및 사진

묘소도(墓所圖)

사진은 주로 시조, 중시조, 파조 등의 사당이나 묘지를 촬영하여 수록한다.

산도(묘소도)는 시조 이하 현조 또는 파조의 분묘의 위치와 지형을 그린 도면으로 옛날에는 산의 지형과 묘지를 일일이 그려 넣었으나 오늘날에는 축척지도나 자척도를

2. 족보(族譜)

사용하는 경우가 많다.

 사진을 먼저, 다음에 신도(묘소도)를 게재하는 것이 일반적이다.

 그리고 시조로부터 이하 현조와 파조의 영정을 싣고, 조상이 제향된 서원이나 사우, 영당 또는 신도비, 정문, 재각 등의 유적을 싣고, 조상이 거처하던 정자도 유적편에 실어준다.

서 문
족보를 발간할 때 책머리에 실린다.

 서문의 내용은 주로 편찬 경위 및 족보의 의의, 시조의 발상과 씨족의 연원, 역대 조상의 위훈, 족보 창간 이후 증수한 연혁, 수보서문 및 수보(修譜)하게 된 동기, 서문을 쓴 분의 소감, 후손에 대한 당부 등을 쓰는 것이 보통이다.

 직계후손 중에 덕망과 학식 있는 사람이 기술하는 것이 보통이나 다른 집안 사람으로서 학식이 풍부하고 덕망이 높은 사람에게 글을 받아 싣기도 한다.

 서문은 대개 시조나 중시조의 사진 및 산도(묘소도) 다음에 게재하는데, 맨 처음에 게재하는 문중도 있다.

 파보 등의 지보(支譜)에는 종보(宗譜)의 것을 그대로 수록한다.

- 신보서 : 족보를 발행할 당시의 서문
- 구보서 : 창간 이후 수보할 때마다의 서문
- 수록 순서 : 신보서 → 창간보서 → 2차 수보서 → 3차 수보서

보학(譜學)

족보 창간 및 수보 연대표
족보의 창간 연대와 증수하는 연대를 쉽게 알아 볼 수 있도록 연호는 서기로 주를 달아 둔다.

범 례
족보의 내용을 아는데 도움을 주는 말이나 족보의 규모, 편찬 순서, 자손 배열의 순서 등을 기록한다.
책 속의 중요 내용, 주의사항, 일러두기 등을 알기 쉽게 기재하는 것이 보통이다.

세 덕
시조 이하 특출한 조상의 행장기(行狀記), 묘지명(墓誌銘), 신도비명(神道碑銘), 교지(敎旨), 국가로부터 받은 특전, 서원과 사우에 제향한 봉안문(奉安文) 및 상향축문, 유시, 유묵, 국가에 올리는 소문 등 조상이 남기신 문헌 등을 빠짐없이 싣는다.

문벌록(門閥錄)
한 가문의 지체를 높이기 위한 기록을 싣는다.
원향록(院享錄), 후비록(后妃錄), 부마록(駙馬錄), 공신록(功臣錄), 봉군록(封君錄), 증시록(贈諡錄), 기사록(耆社錄), 청백리록(淸白吏錄), 삼사 삼공록(三師 三公錄), 문형록(文衡錄), 호당록(湖堂錄), 상신록(相臣錄), 등단록(登壇錄), 효자 효부열녀록(孝子孝婦烈女錄), 문과록(文科錄) 등 그 가문을 빛낸 조상에 대한 기록 등을 수록한다.

2. 족보(族譜)

목 차

일반적으로 그림이나 사진의 다음에, 서문의 앞에 놓인다.

목차 대신에 색인표 또는 인명색인표를 만드는 문중도 있는데, 그 형식이나 내용은 목차와 차이가 없다.

항렬도

문중에서 정한 독특한 항렬자를 세수(世數) 별로 기재하는 것으로 혈족의 방계(傍系)에 대한 세수를 나타내는 것이기도 하다.

항렬자(行列字)는 문중에서 정하는데, 보규에 따라 족보를 편찬할 때 일정한 대수(代數)의 항렬자와 그 사용법을 미리 정해 놓아 후손들이 이에 따르도록 하는 것이 관례로 되어 있다.

세계도

시조로부터 분파된 계열을 알 수 있도록 하는 도표로서 파계도, 세계도, 세계도표, 상계도라고도 부른다.

시조에서 현재(말손 : 末孫)까지의 순서적인 계통만을 대체적으로 파조(派祖)까지 도식하는데, 휘(諱)자만 사용하여 그리는데, 손록(孫錄)을 쉽게 찾아볼 수 있도록 파조 밑에 면수(面數)를 기록해 둔다.

게재하는 위치는 자손록 바로 전에 넣어 손록과 연결해 보는 것이 편리하도록 하며, 족보를 볼 때 세와 대를 판단하는데 필수적이다.

시조로부터 분파된 계열을 쉽게 알 수 있도록 도식한 표를 말한다.

보학(譜學)

득관 세전록 및 관향

시조의 발상과 득성(得姓), 득관(得貫)의 유래를 서문(머리말)에 상세히 기록하지만 따로 득성관과 분관의 연유를 수록하고, 시조의 고향인 지명(地名)이 과거에서부터 현재까지 변화해온 연혁(沿革)을 연대별로 기록해 두는 것이다.

자손록

자손록(子孫錄)은 시조 이하 모든 자손을 계대에 맞추어 해당 족보의 규칙에 맞게 기록한 것으로 족보의 중심을 이루는 부분이며 보첩의 대부분을 차지한다.

시조와 비조로부터 시작하여 1간을 같은 대로 하여 보통 6간으로 되어 있는데, 처음에 이름자가 나오고 이어서 출생과 사망 연도가 표시되고 70세가 되기 전에 사망하면 향년, 70세가 넘어 사망하면 수라하여 방서란에 기록한다.

또 시호와 관직이 기록되고, 비필이라 하여 배우자를 표시하는데 보통 배자만을 기록하며, 본관과 아버지 이름자와 관직이 기록된다.

또한 묘소가 기록되는데 소재지와 방위, 석물 등을 표시하며, 합장 여부 등도 기록하는 것이 보통이다.

혹 출후, 출계라고 하는 것은 다른 집으로 양자로 간 경우이고, 양자로 들어온 사람은 계자라 기록되며, 서얼로 입적되었을 경우에는 승적이라고 표시한다.

2. 족보(族譜)

발문 및 임원록

발문은 책 끝에 본문 내용의 대강이나 그에 관계된 사항을 간략하게 기록하는 것으로 편집을 끝내고 난 후의 소감 등을 피력한다. 그 특수성에 비추어 서문 다음에 싣기도 하지만 책의 맨 끝에 싣는 것이 상례이다.

임원록에는 족보간행위원, 편찬위원회 임원, 임원 명단 등을 기재하며, 직위, 성명, 파명, 주소 등의 양식을 가진다.

임원록과는 별도로 족보에 수록될 명단을 거두어들인, 즉 수단유사(收單有司)를 별도로 기재하는 경우도 있다.

부 록

옛 용어로 기록된 족보의 연대, 관직, 지명 등을 현대인이 이해하기 어려우므로 족보를 보는데 도움이 되도록 연대표, 고려와 조선시대의 관직표, 품계표, 가정의례, 유적명칭 등을 싣는다.

족보 보는 법

요즈음 족보를 보는 방법을 몰라 자녀들에게 집안의 내력을 설명 못하는 사람들이 많다.

조상의 얼이 담겨있는 귀중한 보첩을 경건한 마음으로 모시고, 소중히 간직하기 위해서는 족보 보는 법을 알고, 족보 편수하는 방법이나 구성, 체재등 열람하는 방법을 숙지하여야 한다.

보학(譜學)

① 먼저 '자기'가 어느 파(派)에 속해 있는지 알아야 한다.

만일 파를 알지 못할 경우에는 조상이 어느 지역에서 살았고, 그 지방에 어떤 파가 살았던가를 확인해야 한다.

그래도 파를 모를 때는 부득이 씨족 전체가 수록되어 있는 대동보(大同譜)를 일일이 찾아 확인하는 방법 이외에는 특별한 방법이 없다.

예) 파의 명칭은 흔히 파조(派祖)의 관작명이나 시호 또는 아호(雅號)와 세거지명 등을 따서 붙인다.

족보에서 파(派)를 찾으려면 계보도(系譜圖, 孫錄) 외에 세계도(世系圖)를 보아야 한다.

세계도에는 대략 분파 계도를 그려 놓고 무슨 파(派)는 몇 권(卷) 몇 면(面)이라고 표시되어 있다.

② 시조로부터 몇 세손(世孫)인지 알아야 한다.

족보는 횡으로 단을 갈라서 같은 세대에 속하는 혈손을 같은 단에 횡으로 배열하였으므로 자기 세의 단만 보면 된다.

만일 세수를 모르면 항렬자로 세수를 헤아려야 한다.

③ 항렬자를 알아야 하고, 족보에 기록된 이름(譜名)을 알아야 한다.

예로부터 가정에서 부르는 이름에는 항렬자를 넣지 않았더라도 족보에 실을 때는 반드시 항렬자를 넣은 이름을 실었으므로 이를 알아야 한다.

2. 족보(族譜)

항렬

항렬이란

항렬(行列)이란 같은 혈족(血族) 안에서 상하관계(上下關係)를 분명히 하기 위하여 만든 서열로, 시조로부터의 세수(世數)를 나타낸 것이며, 정해진 글자로 각 항렬을 나타내는 것을 항렬자라 한다.

근래에 들어서는 항렬자를 따르지 않고 이름을 짓는 경우가 많다.

그러나 항렬자를 따른 이름은 이름만 보면 세대수를 쉽게 알아볼 수 있고, 가문에 대한 소속감이 더 강해질 수 있다는 잇점이 있다.

항렬자를 따라 이름을 지을 때에는 같은 항렬의 동명이인을 피해야 하고 가까운 조상의 이름에 나오는 글자도 피해야 한다.

참고로 항렬자는 이름의 중간과 끝을 번갈아 가며 사용하는 것이 상례이다.

일반적인 항렬법
- **오행상생법(五行相生法)** : 금(金), 수(水), 목(木), 화(火), 토(土)의 변을 순서적으로 사용하며, 가장 많이 쓰인다.

  이는 음양설(陰陽說)에 따른 우주만물(宇宙萬物)이 상생(相生), 상극(相剋)의 힘에 의하여 생성된다는 학설에 따라 만물을 조성(組成)하는 금(金), 수(水), 목(木), 화(火), 토(土)의 다섯가지 원기(元氣)의 오행설(五行說) 즉 오행상생(五行相生)의 목생화(木生火), 화생토(火生土), 토생금(土生金), 금생수 (金生水),

수생목(水生木)이 서로 순환해서 생(生)한다는 이치(理致)에 따라 자손(子孫)의 창성(昌盛)과 부귀영화(富貴榮華)를 뜻하는 글자를 이름자로 고르고 그 순서대로 반복하여 순환시켜 나가는 것이다.

- **천간법(天干法)** : 글자의 파자(破字)에 갑(甲), 을(乙), 병(丙), 정(丁), 무(戊), 기(己), 경(庚), 신(辛), 임(壬), 계(癸) 등 천간(天干)을 포함시켜 계속 반복하여 순환시키는 것이다.

- **지지법(地支法)** : 글자의 파자(破字)가 자(子), 축(丑), 인(寅), 묘(卯), 진(辰), 사(巳), 오(午), 미(未), 신(申), 유(酉), 술(戌), 해(亥) 등 지지(地支)를 포함시켜 계속 반복하여 순환시키는 것이다.

- **수교법(數交法)** : 일(一 : 丙, 尤), 이(二 : 宗, 重), 삼(三 : 泰), 사(四: 寧) 등 숫자를 사용한다.

2. 족보(族譜)

알아두어야 할 족보 용어

본 관

본관(本貫 : 貫鄕)이란 시조, 증시조의 출신지와 혈족의 세거지를 가리키는데, 동족의 여부를 가리는데 중요하며 씨족의 고향을 일컫는 말이다.

우리 나라에서는 성씨의 종류가 적어서 일족일문 (一族一門 : 같은 혈족의 집안)의 수가 많아지게 되어 성씨만으로는 동족을 구분하기가 곤란하므로 본관이 필요하게 된 것이다.

성 씨

나라에 큰 공(功)을 세워 공신(功臣)에 녹훈된 사람이나 다른 나라에서 귀화해 온 사람에게 포상의 표시로 왕이 본관이나 성씨, 이름을 하사했다고 한다.

그 유형에 따라 예를 들어보면,
- 천강성(天降姓 : 하늘이 내려준 성) : 박(朴), 석(昔), 김(金)
- 사관(賜貫)·사성(賜姓)·사명(賜名) : 왕으로부터 하사받은 성
- 토성(土姓) : 토착 상류계급의 성
- 속성(屬姓) : 사회적 지위가 낮은 성
- 입성(入姓) : 타지방으로부터 이주한 성
- 귀화성(歸化姓) : 외국으로부터 귀화한 성

보학(譜學)

비조, 시조, 중시조

비조(鼻祖)란 시조 이전의 선계(先系) 조상 중 가장 높은 분을 말하며, 시조(始祖)란 초대(初代)의 선조, 즉 첫 번째 조상(祖上)을 이른다.

중시조(中始祖)란 시조 이후에 쇠퇴하였던 가문을 중흥시킨 분을 말하는 것인데, 이는 전종문(全宗門)의 공론에 의하여 정해지는 것이며, 어느 파 단독으로 결정되는 것은 아니다.

세와 대

세(世)란 예컨대 조(祖), 부(父), 기(己), 자(子), 손(孫)을 계열의 차례대로 일컫는 말이며, 대(代)란 사람이 나면서부터 30년간을 1대로 잡는 시간적 공간을 일컫는 말이기 때문에 부자간이 세로는 2세이지만 대로는 1대, 즉 30년간의 세월이 한 번 경과하였다는 뜻이다.

즉 세는 주로 출발점을 시조 등 윗대로부터 차례로 내려오는 반면, 대는 자기로부터 윗순으로 거슬러 올라간다.

부자(父子) 사이는 세로는 2세가 되고 대로는 1대가 된다.

자기의 파조는 몇 대조라 하고, 자신은 파조로부터 몇 세손이라 하는 것이다.

즉 고조는 나의 4대조이고 나는 고조의 5세손이 되는 것이다.

시조를 1세로 하고 그 자(子)는 2세, 손(孫)은 3세, 증손(曾孫)은 4세, 현손(玄孫)은 5세가 되는 것이다.

대(代)는 불급신(不及身)이라 하여 자신을 계산하지 않는다고 하는데, 여기서 말하는 대를 몇 대조 또는 몇 대손이라 부른다면, 기준이 되는 사람을 빼고 계산해야 한다는 말이 된다.

2. 족보(族譜)

 다음 그림에서 보는 것처럼 시조를 기준으로 할 때 2세인 자는 1대손, 3대인 손자는 2대손, 4세인 증손자는 3대손, 5세인 현손은 4대손, 6세인 내손(來孫)은 5대손, 7세인 곤손(昆孫)은 6대손, 8세인 잉손(仍孫)은 7대손이 된다.

 일반적으로 선조로부터 아래로 후손을 가리킬 때에는 '세(世)'를 붙여서 시조를 1세(世), 그 아들은 2세(世), 손자는 3세(世), 증손은 4세(世), 또 현손은 5세(世)라 일컬으며, 그와 반대로 선조를 말할 때에는 대(代)를 붙여서 일컫는다.

 그러므로 후손을 말할 때에는 누구의 몇 세손, 그와 반대로 선조를 말할 때에는 누구의 몇 대조라 일컫는다.

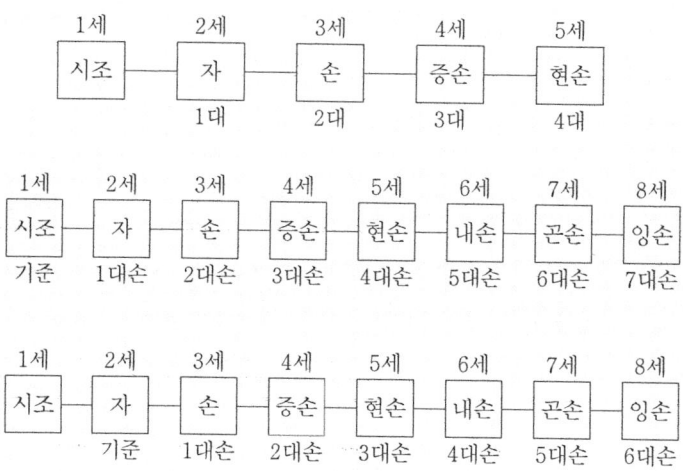

보학(譜學)

아명과 관명

옛날에는 어렸을 때 부르는 아명(兒名)이 있고, 남자가 20세가 되면 관례를 올리면서 짓게 되는 관명(冠名)이 있었다.

관명을 흔히 자(字)라고 하였다.

자는 집안 어른이나 스승, 선배 등이 성인이 된 것을 대견해 하는 뜻으로 지어 주었다.

호와 시호

옛날에는 부모가 지어준 이름은 임금, 부모, 스승과 존장의 앞에서만 쓰이고 다른 사람들은 함부로 부를 수 없었다.

동년배, 친구, 그 외 사람들은 자로써 불렀다.

한편 어린 사람이나 격이 낮은 사람, 또는 허물없이 부르기 위해서 호(號)를 지어 불렀다.

호는 남이 지어 줄 수도 있고, 스스로 짓기도 했다.

호는 요즘도 쓰인다.

신하가 죽은 뒤에 임금이 내려 주는 호를 시호(諡號)라고 하였다.

시호를 내려 주는 것을 증시(贈諡)라고 하였으며, 죽은 뒤 장례 전에 증시하지 못하고 훨씬 뒤에 증시하게 되면 그것을 추증시(追贈諡)라고 하였다.

함과 휘

살아 있는 사람의 이름을 높여서 함(銜)이나 명함(名銜)이라 하고, 더 높여서 존함(尊銜)이라고도 한다.

2. 족보(族譜)

반면 돌아가신 분의 이름은 휘(諱)라 한다.

사손(嗣孫)과 사손(祀孫)

사손(嗣孫)이란 한 집안의 종사(宗嗣), 즉 계대(系代)를 잇는 자손을 말하며, 사손(祀孫)이란 봉사손(奉祀孫)의 줄임말로 조상의 제사를 받드는 사람을 말하는 것이다.

출계와 계자

후사(後嗣)란 세계를 이을 자손을 말한다.

후사가 없어 대를 잇지 못할 때에는 무후(无后)라고 쓴다.

무후는 무후(無後)와 같은 의미이다.

무후가(无后家)로 하지 않고 양자를 맞아 세계를 이을 때는 계자(系子)라고 써서 적자와 구별한다.

계자의 경우는 세표에 생부(生父)를 기록한다.

또 생가의 세표에는 출계(出系)라고 쓴다.

양자를 들일 때는 되도록 가까운 혈족 중에서 입양한다.

또 호적이 없는 자를 입적시켜 세계를 잇게 하는 경우는 부자(附子)라고 쓴다.

옛날에는 적자 이외의 자로 세계를 잇고자 할 때는 예조(禮曹)의 허가를 얻어야 했으며 파양(罷養)을 하고자 할 경우에도 마찬가지였다.

생 졸

생(生)은 출생을, 졸(卒)은 사망을 말하는 것인데, 70세 이상

보학(譜學)

에 사망(死亡)하면 수(壽)○○라 하고, 70세 미만에 사망하면 향년(享年)○○라 하며, 20세 미만에 사망하면 요절(夭折), 또는 조요(早夭)라고 표시한다.

실과 배

배우자를 말하는 것인데, 실(室)은 생존한 분, 배(配)는 작고(作故)한 분을 구분하는 것인데, 생졸(生卒) 구분 없이 배(配)로 통용하는 문중(門中)도 있다.

묘소

묘소란 분묘의 소재지를 말하는 것으로 족보에는 '묘(墓)'자만을 기록하고, 좌향(坐向 : 묘가 위치하고 있는 방향, 방위)과 석물(石物), 또는 합장 여부를 기록한다.

묘소의 방향이 자좌(子坐)로 되어 있으면 고인의 머리쪽이 정북쪽으로 향하고 있다는 뜻으로, 우리가 보는 묘지의 방향은 정남향이 된다.

좌우(左右)는 사자(死者)를 중심으로 하는 것이므로 묘를 바라보는 쪽에서는 정반대가 되므로 좌는 동(東)쪽, 우는 서(西)쪽으로 보면 된다.

합봉(合封), 합묘(合墓)는 부부를 한 봉분에 합장했다는 말이고, 쌍봉(雙封)은 같은 묘소에 약간의 거리를 두고 두 봉분을 나란히 만들었다는 것이다.

합장(合葬)을 할 경우는 남편은 오른쪽, 부인은 왼쪽에 묻는데 이는 사자(死者)를 중심으로 하기 때문에 묘를 바라보는 사람은 정반대가 된다.

고려시대에는 불교의 영향 때문에 화장을 많이 하였는데, 조선시대에 와서는 유교의 영향으로 중(僧)을 제외하고는 토장(土葬)을 하여 분묘가 발달하였다.

분묘의 형태는 시대와 나라, 지방, 문화생활, 계급에 따라 그 형식을 달리 하나 대개의 경우 풍수지리설(風水地理說)에 의거하여 설치한다.

산을 뒤로 두고 앞으로는 물이 흐르며, 좌우의 청룡(靑龍)과 백호(白虎)가 앞의 주산(主山)보다 약간 높게 위치한 곳에 앞은 몇 층의 단상(壇狀)을 만들고 주위에 호석(護石)을 설치하는 것이 일반적인 형태이다.

사대부(士大夫)의 무덤 주위에는 망주(望柱 : 무덤 앞에 세우는 한쌍의 돌기둥)를 세우고 석인(石人 : 돌로 만든 사람의 형상)을 배치하였으며, 분묘 앞에는 상석(床石 : 제물을 놓기 위해 돌로 만든 상)과 묘표(墓表)를 두고 신도비(神道碑), 묘비(墓碑), 묘갈(墓碣)을 세우는 것이 보통이었다.

아명(兒名) 관명(冠名)

아명(兒名)과 관명(冠名) : 아이가 태어나면 부모가 지어준 것으로, 어렸을 때 부르는 이름이다.

남자가 20세가 되면 관례를 올리면서 짓게 되는 이름이 관명(冠名)인데, 이를 흔히 자(字)라고 했다.

자는 집안 어른이나 스승, 선배 등이 성인이 된 것을 대견해 하는 뜻으로 지어 주었다.

자(字) : 이름 대신에 부르는 호칭어를 자(字)라고 하는데, 이는 부모나 집안 어른이 지어 주는 것으로 자(字)가 있으면 곧 어른이 되었다는 증표이다.

예전에 16세 이상이 되어 치르는 성인식인 관례를 치르면 자를 부여했다.

자(字)를 받으면 어른으로서 사회활동을 할 수 있다는 뜻이다.

자는 이름 대신에 부르도록 한 호칭으로, 호에는 존칭이 붙지만 자에는 존칭은 쓰지 않는다.

자를 서로 호칭하는 사이는 동료지간이나 아랫사람에게만 쓰인다.

호(號) : 이름과 자 이외의 호칭으로, 보통 덕망이 있거나 학문 또는 예술이 뛰어난 사람에겐 호가 있었다.

호는 남이 지어 주는 수도 있지만 대개 자기가 직접 짓는다.

남이 지어주는 송찬(頌讚)은 그 사람의 인품이나 자질에서 호를 가질만한 사항을 들어 찬문과 함께 호를 만들어 준다.

묘표와 묘지

묘표(墓表)란 일명 표석이라고 하는데 고인의 관직 이름과 호를 앞면에 새기고, 뒷면에는 사적 또는 비석을 세운 날짜와 비석을 세운 자손들의 이름을 새겨 무덤 앞에 세우는 비석이다.

묘지(墓誌)는 지석(誌石)이라고도 하며, 천재지변 또는 시간이 지남에 따라 묘지를 잃어 버리는 사례가 종종 있는데 그것을 방지하기 위하여 금속판, 돌, 도판(陶板) 등에 고인의 원적과 성명, 생년월일, 행적, 묘의 위치 등을 새겨서 묘 앞에 묻는 것을 말한다.

묘비와 비명

묘비(墓碑)란 묘소 앞에 세우는 비석의 총칭이며, 비명(碑銘)은 비에 새긴 글로서 명문(銘文), 비문(碑文)이라고도 하는데, 여기에는 고인(故人)의 성명, 본관, 원적, 성행(性行), 경력 등의 사적(事蹟)을 기술한다.

신도비와 묘갈

신도비(神道碑)는 임금이나 고관의 무덤 앞의 길목에 세워 고인의 사적을 기리는 비석이다.

대개 무덤 동남쪽에 위치하며 남쪽을 향하여 세우는데, 신도(神道)란 뜻은 사자(死者)의 묘로(墓路), 즉 신령(神靈)의 길이라는 뜻이다.

조선시대에서는 2품 이상의 관리들에게 세우는 것을 제도화하였다. 왕의 신도비로는 건원릉(建元陵)의 태조 신도비와 홍릉(洪陵)의 세종대왕의 신도비가 있으며, 문종이 왕릉에 신도비를 세우는 것을 금지하여 그 이후에는 왕의 신도비는 세우지 않았다.

묘갈(墓碣)은 신도비와 비슷하나 3품 이하의 관리들 무덤에 세우는 머리 부분이 둥그스름한 작은 돌비석으로 신도비에 비해서 규모가 작다.

보학(譜學)

종 친

종친(宗親)이란 본래 임금의 친족을 말하는 것으로 조선에서는 종친부(宗親府)가 있어 왕실의 계보(系譜)와 어진(御眞)을 보관하여 왕(王)과 비(妃)의 의복을 관리하고 종반을 통솔하였으며, 과거에도 종친과가 있어 종친유생(宗親儒生)에게만 시행하였다.

그러나 현재에는 누구나 같은 씨족간에 종친이란 말을 쓰게 되었으며, 혈족끼리 모이는 단체를 종친회라고 한다.

친족, 존속, 척족

친족(親族)이란 같은 조상에서 갈려나온 혈족의 촌수가 가까운 일가를 말하는 것이다.

직계혈족에는 부모, 조부모 등의 존속(尊屬)과 자손(子孫) 등의 비속(卑屬)이 있으며, 방계혈족에는 종조부모, 종백숙부모, 종형제 등이 있는데 이를 육친(六親)이라고도 한다.

존속(尊屬)이란 부모와 같은 항렬 이상의 항렬을 말하고, 비속(卑屬)이라고도 한다.

척족(戚族)은 친족과 혼인관계가 있는 사람을 친척이라 하는데, 즉 내외종관계(內外從關係), 고모관계(姑母關係), 외가관계(外家關係), 이모관계(姨母關係), 처가관계(妻家關係)를 일컬으며, 인족(姻族) 또는 인척(姻戚)이라고도 한다.

방계혈족

방계혈족(傍系血族)이란 자기와 같은 시조로부터 갈려져 나온 혈

2. 족보(族譜)

족을 말한다.

백숙부모(伯叔父母), 조카, 형제, 자매, 사촌 형제 자매 등이다.

유적의 명칭

전(殿)

궁궐, 향교, 절 등과 같이 여러 채의 건물이 있을 때 그 중에서 가장 큰 집을 일컫는 말이다.

　예) 대성전(大成殿), 대웅전(大雄殿)

묘(廟)

세상에 공적을 남기고 죽은 사람을 추모하기 위하여 지은 건물이다.

　예) 종묘(宗廟), 문묘(文廟)

사우(祠宇)

학문과 덕행(德行)이나 무공(武功)을 세운 인물의 위업(偉業)과 그 정신을 추모하기 위하여 지은 건물로 신주(神主)를 모신다.

옛날에는 부모가 세상을 떠나면 3년상을 치른 뒤 신주를 모시고 5대손에 이르러서 매주(埋主)하고 산소에서 시제(時祭)를 지냈다.

보학(譜學)

부조묘(不祧廟)·불천위(不遷位)
나라에 큰 공을 세운 명예로운 조상으로서 그 위패(位牌)를 옮기지 아니하고 대대로 모시는 건물이다.
교묘(郊廟) 또는 조묘(祧廟)라고도 한다.

별묘(別廟)
묘와는 달리 특별하게 따로 지은 사당(祠堂)을 말한다.

영당(影堂)
조상의 영정(影幀: 肖像)을 모시기 위하여 세운 건물이다.

당(堂)
거주를 목적으로 하지 않고 특별히 지은 집 또는 공청(公廳)을 뜻한다.
예) 명륜당(明倫堂)

원(院)
거주를 목적으로 하지 않는 건물과 정원을 뜻한다.

정사(精舍)
학문을 쌓고 수양하거나 풍월(風月)을 즐기기 위하여 세운 집을 말한다.

정문(旌門)·정려(旌閭)
효행(孝行), 충절(忠節), 정절(貞節)이 뛰어난 사람의 뜻을 높이고 다른 사람에게 권장하기 위하여 국가 또는 사회에서 표창하여 세우는 문(門)이다.

유허비(遺墟碑)

선조(先祖)들이 살았던 곳 또는 그 위엄을 기리던 곳에 자손이나 친지들이 그 터를 보존하기 위하여 세우는 비(碑)이다.

신도비(神道碑)

나라에 크게 공헌하며 거룩하게 산 사람의 일생 동안의 업적을 기록하여 후세에 길이 남기기 위해 세우는 비(碑)이다.

재실(齋室)

조상의 제사를 경건하게 받들기 위하여 몸과 마음을 단정히 하고 제수를 장만하기 위하여 특별히 지어 놓은 집이다.

단(壇)

묘소를 실전(失傳)하였거나 아예 묘소가 없는 사람의 체백(體魄)을 모신 것처럼 묘소나 비를 세워놓고 제사지내는 곳이다.

헌(軒)

마루 또는 공청(公廳)을 말한다.
   예) 오죽헌(烏竹軒)

보학(譜學)

루(樓)와 각(閣)

높다랗게 지은 건물이다.

  예) 광한루, 촉석루

대(臺)

사방을 바라볼 수 있고, 관망이 좋은 곳에 세워진 건물 또는 축대이다.

  예) 경포대

3. 계촌(計寸)

가족의 범위

현행 호적법상으로 볼 때의 가족은 아버지와 어머니, 자기와 혼인하지 않은 아버지의 동생과 누이, 그리고 자기의 형제자매이다.

우리가 흔히 근친이라고 말하는 집안은 고조할아버지 이하의 조상을 직계할아버지로 하는 8촌 이내의 모든 사람이다.

이 근친을 한 집에서 산다는 의미로 당내간(堂內間)이라고 하고, 죽으면 상복을 입는 친척이라는 뜻으로 유복지친(有服之親)이라고도 한다.

척족(戚族)이란 성(姓)이 다른 친족을 말한다.

- **외척(外戚)** : 직계 여자조상(할머니, 어머니)의 친정 가족으로 외가(外家)의 친족(親族)이다.
- **내척(內戚)** : 직계존속남자의 자매(고모, 대고모)나 자기의 자매(누이) 또는 딸이나 손녀가 시집가서 그 배우자와 낳은 자손을 말한다. 넓게 말할 때는 혈족인 여자가 시집가서 그 배우자와 낳은 자손을 말한다.
- **인척(姻戚)** : 혼인으로 인해서 집안 친족(親族)이 된 사람이다. 남자에게 있어서는 아내의 친정 가족, 여자에게 있어서는 남편의 직계가 아닌 친족을 말한다.

보학(譜學)

기본 계촌법

촌수는 어떻게 계산하는 것인지, 누구나 알아두어야 하는 촌수를 따지는 방법과 호칭을 알아보자.

형제는 아버지로부터 나와 갈라졌기 때문에 아버지의 촌수인 1촌에 2를 곱한 수가 촌수이므로 2촌이 된다.

백부나 숙부는 할아버지로부터 아버지와 갈라진 사이이므로 조부의 촌수인 2촌에 2를 곱한 수가 되는 4촌에서 아버지 촌수인 1을 빼서 3촌이 된다.

즉 아버지와 같은 항렬이므로 1촌을 뺀 것이다.

종형제는 백부나 숙부의 아들로 나와 같은 항렬이다.

조부로부터 갈렸기 때문에 조부의 촌수인 2촌에 2를 곱한 수가 되므로 4촌이다.

이와 같이 나와 동항이면 가라 놓은 분의 촌수에 2를 곱한 수가 촌수가 된다.

나보다 한 항렬이 위인 숙항은 아버지와 같은 항렬이다.

나보다 두 항렬이 위인 조항은 할아버지와 같은 항렬이고, 나보다 세 항렬이 위인 증조항은 증조할아버지와 같은 항렬이다.

이럴 때에도 갈라놓은 분의 촌수에 2를 곱하고, 그 수에서 숙항은 1, 조항은 2, 증조항은 3, 고조항은 4를 뺀 수가 촌수가 되며, 호칭은 숙, 종조, 재종조 등으로 부르는 것이다.

동항은 나와 형제간으로 짝수의 촌수가 된다.

3. 계촌(計寸)

친형제는 2촌, 종형제(從兄弟)는 6촌, 3종형제(三從兄弟)는 8촌, 4종형제(四從兄弟)는 10촌이다.

숙항은 나와 숙질(叔姪) 간으로 홀수 촌수이다.

아버지의 친형제를 백부, 숙부라 하여 3촌이 되고, 아버지의 종형제를 종숙(從叔)이라 하는데 당숙(堂叔)이라 하기도 하며 5촌이 된다.

아버지의 재종형제(再從兄弟)를 재종숙(再從叔) 또는 재당숙(再堂叔)이라 하며 9촌이 된다.

조항은 나와 조손(祖孫) 간으로 짝수의 촌수이다.

조부의 친형제를 종조(從祖)라 하여 5촌이고, 증조부의 종형제를 재종증조(再從曾祖)라 하여 7촌이다.

고조항은 나와 고조손(高祖孫) 간으로 작수의 촌수이다.

고조부의 친형제를 종고조(從高祖) 또는 방고조(傍高祖)라 하고 6촌간이 된다.

고조부의 자손으로 나와 동항간이 되는 3종형제는 8촌이며, 이 범위를 당내(堂內)라 하고, 상을 당하였을 때 상복을 입는 친척이라는 뜻으로 유복지친(有服之親)이라 불렀다.

보학(譜學)

▶ 친족(親族)

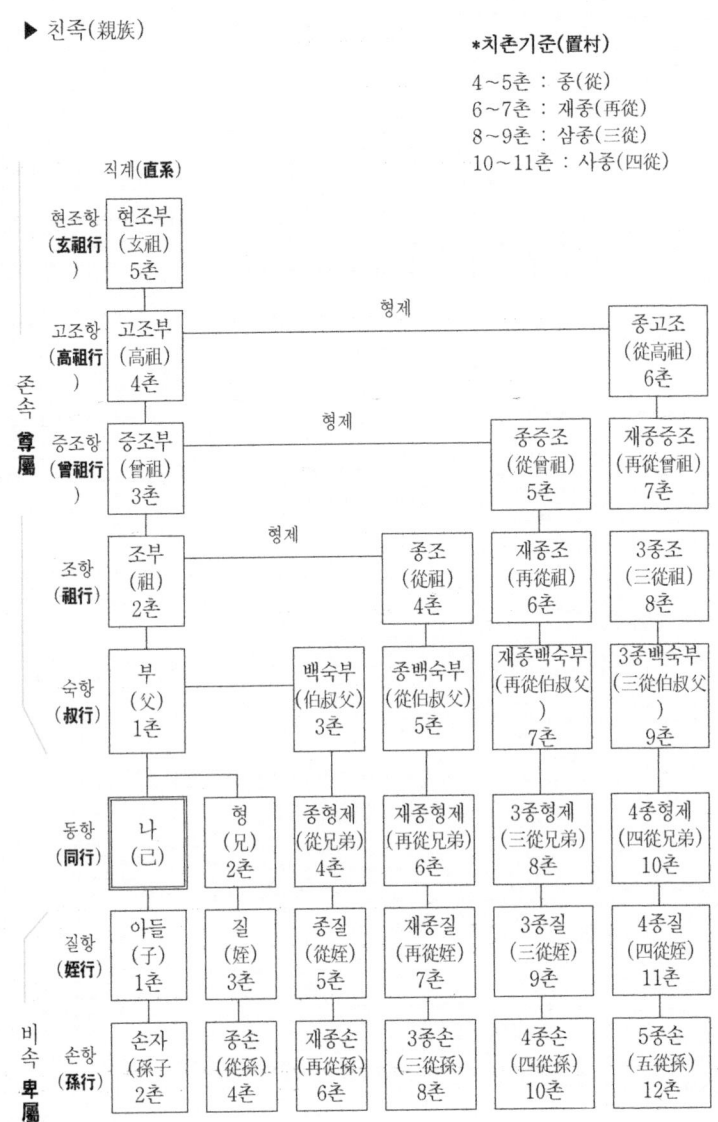

*촌수기준(寸村)
4~5촌 : 종(從)
6~7촌 : 재종(再從)
8~9촌 : 삼종(三從)
10~11촌 : 사종(四從)

3. 계촌(計寸)

▶ 내종간(內從間)

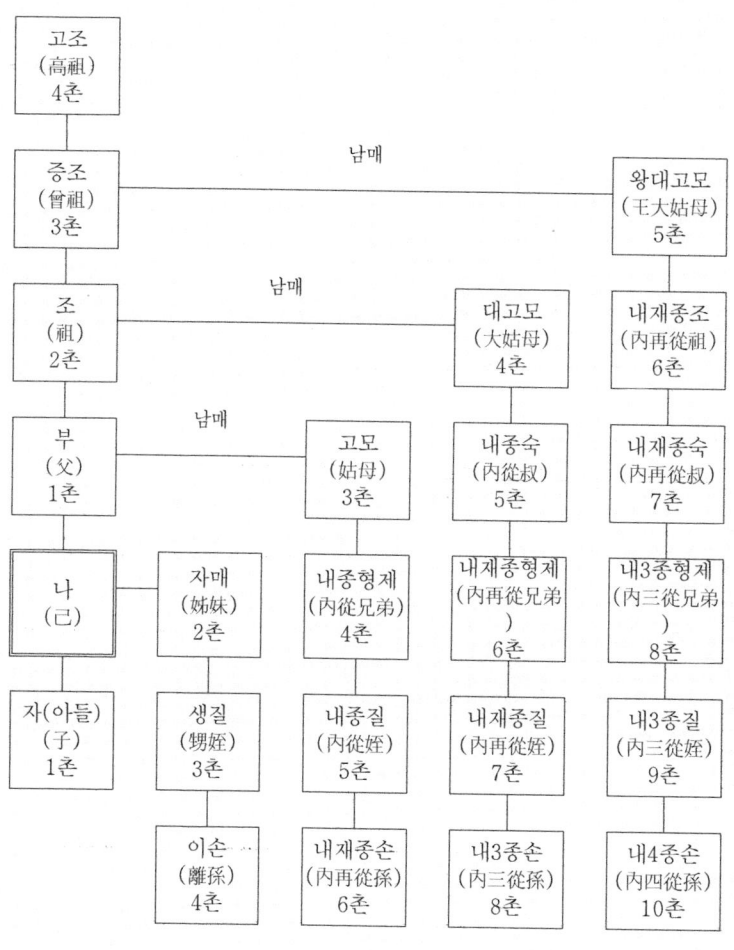

보학(譜學)

▶ 외종간(外從間)

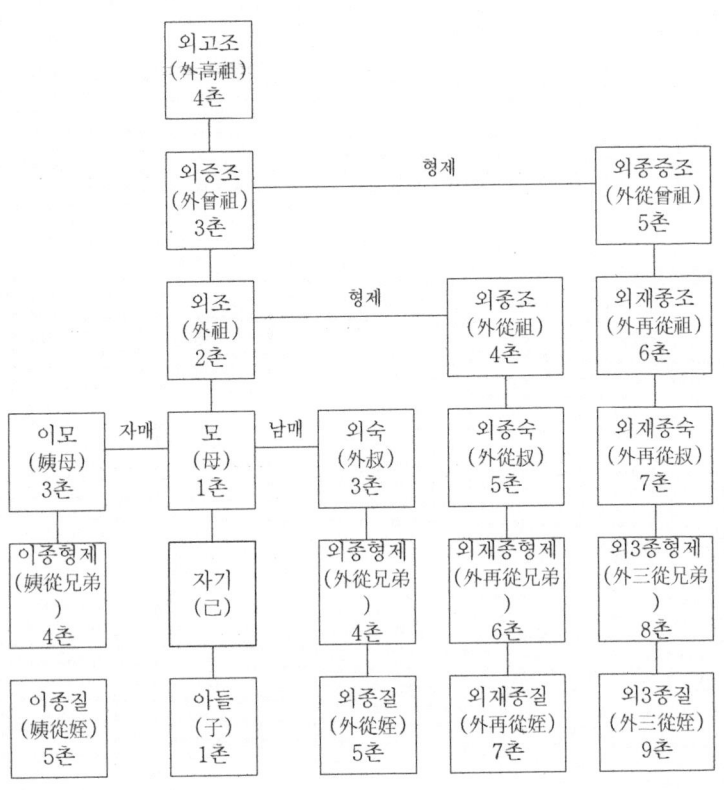

3. 계촌(計寸)

친척관계를 지칭하는 용어

친척(親戚)이란 친족과 외척을 말하는 것으로 고종(姑從), 외종(外從), 이종(姨從) 등, 성이 다른 가까운 척분 관계를 일컫는다.

즉 핏줄이 같은 친(親)과 인연으로 맺은 척(戚)이 합쳐진 말로 친으로 맺어진 관계를 친족, 종족(宗族), 친당(親黨)이라 하고, 척으로 맺어진 관계를 척족(戚族), 척당이라고 한다.

그리고 이 둘을 합쳐서 부르는 용어가 족당이다.

직계존속 여자, 즉 어머니, 할머니, 증조할머니와 지계비속 남자의 아내, 즉 며느리, 손부는 핏줄은 아니지만 핏줄과 같이 간주하여 혈족의 범위에 속한다.

혈족은 직계와 방계로 나뉘는데, 쉽게 말해서 부모관계로만 이어질 때는 직계혈족이고, 형제관계로 이어지면 방계혈족(형제자매, 백숙부, 조카)이다.

부자간(父子間) : 아버지와 아들
부녀간(父女間) : 아버지와 딸
모자간(母子間) : 어머니와 아들
모녀간(母女間) : 어머니와 딸
구부간(舅婦間) : 시아버지와 며느리
고부간(姑婦間) : 시어머니와 며느리
옹서간(翁婿間) : 장인·장모와 사위

보학(譜學)

조손간(祖孫間) : 조부모와 손자·녀
형제간(兄弟間) : 남자동기끼리
자매간(姉妹間) : 여자동기끼리
남매간(男妹間) : ① 남자동기와 여자동기
　　　　　　　　② 시누이와 올케
　　　　　　　　③ 처남과 매부
수숙간(嫂叔間) : 남편의 형제와 형제의 아내
동서간(同壻間) : 형제의 아내끼리 자매의 남편끼리
숙질간(叔姪間) : 아버지의 형제자매와 형제자매의 자녀
종(從)형제·자매·남매간 : 4촌(寸)끼리
당·종숙질간 : 아버지의 종형제자매와 종형제의 자녀
재종형제·자매·남매간 : 6촌(寸)끼리
재종·당숙질간 : 아버지의 6촌형제자매와 6촌형제자매의 자녀
삼종형제·자매·남매간 : 8촌(寸)끼리
구생간(舅甥間) : 외숙과 생질
내외종간(內外從間) : 외숙의 자녀와 고모의 자녀
이숙질간(姨叔姪間) : 이모와 이질
이종간(姨從間) : 자매의 자녀끼리
고숙질간(姑叔姪間) : 고모와 친정조카
외종(外從) : 외숙의 자녀
고·내종(姑·內從) : 고모의 자녀
이종(姨從) : 이모의 자녀
처질(妻姪) : 아내의 친정조카

3. 계촌(計寸)

생질(甥姪) : 남자가 자매의 자녀를
이질(姨姪) : 여자가 자매의 자녀를
처이질(妻姨姪) : 아내의 이질

호칭법

자기에 대한 호칭
- 저, 제 : 웃어른이나 여러 사람에게 말할 때
- 나 : 같은 또래나 아래 사람에게 말할 때
- 우리·저희 : 자기 쪽을 남에게 말할 때

부모에 대한 호칭
- 아버지·어머니 : 자기의 부모를 직접 부르거나 남에게 말할 때
- 아버님·어머님 : 남편의 부모를 직접 부르거나 남에게 말할 때
- 애비·에미 : 부모가 자녀에게 자기를 지칭할 때
- 아범·어멈 : 할아버나 할머니가 손자손녀에게 그 부모를 말할 때
- 가친(家親)·자친(慈親) : 자기의 부모를 남에게 말할 때의 한문식 지칭
- 춘부장(椿府丈)·자당님(慈堂) : 남에게 그의 부모를 한문 식으로 말할 때
- 부친(父親)·모친(母親) : 남에게 다른 사람의 부모를 말할 때

보학(譜學)

- 현고(顯考)·현비(賢妣) : 축문이나 지방에 돌아가신 부모를 쓸 때
- 선친(先親)·선비(先妣) : 남에게 자기의 돌아가신 부모를 말할 때
- 고장(先考丈)·대부인(大夫人) : 남에게 그 돌아가신 부모를 말할 때 형제 자매간의 호칭
- 언니 : 미혼의 동생이 형을 부를 때, 또는 여동생이 여자형을 부를 때
- 형님 : 기혼의 동생이 형을 부를 때, 아랫 동서가 윗동서를 부를 때
- 형 : 집안의 어른에게 형을 말할 때
- 백씨(伯氏)·중씨(仲氏)·사형(舍兄) : 자기의 형을 남에게 말할 때
- 애·이름·너 : 미혼이나 10년 이상 연하인 동생을 부를 때
- 동생·자네·이름 : 기혼이나 10년 이내 연하인 동생을 부를 때
- 아우 : 동생의 배우자나 남에게 자기의 동생을 말할 때
- 아우님·제씨 : 남에게 그 동생을 말할 때
- 에미 : 집안의 어른에게 자녀를 둔 여동생을 말할 때
- 오빠 : 미혼 여동생이 남자 형을 부를 때
- 오라버님 : 기혼 여동생이 남자 형을 부를 때
- 오라비 : 여동생이 집안 어른에게 남자 형을 말할 때
- 누나 : 미혼 남동생이 손위 누이를 부를 때
- 동생·자네·○○아버지 : 손위 누이가 기혼인 남동생을 부를 때

형제, 자매의 배우자 호칭
- 아주머니·형수님 : 시동생이 형의 아내를 부를 때
- 형수씨 : 남에게 자기의 형수를 말할 때
- 제수씨 : 동생의 아내를 직접 부를 때
- 제수 : 집안 어른에게 동생의 아내를 말할 때
- 언니 : 시누이가 오라비의 아내를 부를 때

3. 계촌(計寸)

- 올케·새댁·자네 : 시누이가 남동생의 아내를 부를 때
- 댁 : 집안 어른에게 남동생의 아내를 말할 때
- 매부(妹夫) : 누님의 남편을 부를 때와 자매의 남편을 남에게 말할 때
- 자형(姉兄)·매형(妹兄) : 누님의 남편을 부를 때와 남에게 말할 때
- 서방·자네 : 누이동생의 남편을 부를 때
- 매제(妹弟) : 누이동생의 남편을 남에게 말할 때
- 형부(兄夫) : 여동생이 여자형의 남편을 부를 때와 말할 때

시댁에 대한 호칭
- 아버님·어머님 : 남편의 부모를 부르거나 말할 때
- 아주버님 : 남편의 형을 부르거나 가족 간에 말할 때
- 시숙 : 남편의 형을 남에게 말할 때
- 형님 : 남편의 형수나 누님을 부를 때
- 도련님 : 남편의 장가 안간 동생을 부를 때
- 서방님 : 장가간 시동생을 부를 때
- 동서·자네 : 시동생의 아내를 부를 때
- 작은아씨 : 시집가지 않은 손아래 시누이를 부를 때와 가족간에 말 할 때
- ○서방댁 : 시집간 손아래 시누이를 부를 때와 가족간에 말할 때
- 시누이 : 남편의 자매를 남에게 말할 때
- ○서방님 : 시누이의 남편을 부를 때

며느리에 대한 호칭
- 애·며느리·너 : 며느리를 직접 부르거나 지칭할 때
- 네댁·네 아내 : 아들에게 그 아내인 며느리를 말할 때

- 에미 : 자녀를 둔 며느리를 직접 부르거나 그 자녀에게 말할 때
- 며느님·자부님 : 남에게 그 며느리를 말할 때

처가에 대한 호칭
- 장인어른·장모님 : 아내의 부모를 부를 때
- 빙장·빙모 : 아내의 부모를 남에게 말할 때
- 처남댁·○○어머님 : 처남댁을 부를 때
- 처형·○○어머님 : 처형을 부를 때
- 처제·○○어머님 : 처제를 부를 때
- 처남·자네 : 손아래 처남을 부를 때

사돈에 대한 호칭
- **사장(査丈)어른** : 윗세대 사돈남녀에 대한 칭호, 윗세대 사돈이란 며느리의 친정 조부모, 딸의 시조부모, 형수나 제수의 친정 부모, 자매의 시부모 등을 말한다.
- **사돈(査頓)** : 같은 세대의 동성끼리의 사돈으로서 연령이 10년 이내 연상까지를 말한다.
  여자의 친정과 시댁의 아버지끼리나 어머니끼리 서로를 말할 때.
- **사돈어른** : 같은 세대의 이성같의 사돈이나 동서이라도 자기보다 10년 이상 연상일 때 말한다.
  여자의 친정 어머니가 시아버지를, 친정 아버지가 시어머니를, 시아버지가 친정 어머니를, 시어머니가 친정 아버지를 말할 때.
- **사돈양반** : 아랫세대의 기혼 이성인 사돈을 말할 때, 시어머니가 며느리 오라비, 시아버지가 며느리의 올케나 형, 친정 아버지가 딸의 시누이나 동서, 친정 어머니가 딸의 시숙이나 시동생을 말할 때.

3. 계촌(計寸)

- 사돈도령·사돈총각 : 미혼남자인 사돈을 말할 때.
- 사돈처녀·사돈아가씨 : 미혼여성인 사돈을 말할 때.
- 사돈아가씨·사돈아기 : 어린 사돈을 말할 때.

기타 친척간의 호칭
- 할아버지·할머니 : 조부모를 직접 부르거나 말할 때
- 할아버님·할머님 : 남에게 그 부모를 말할 때와 남편의 조부모를 부를 때
- 대부(大父)·대모(大母) : 자기의 직계 존속과 8촌이 넘는 할아버지와 할머니를 부를 때
- 큰아버지·큰어머니 : 아버지의 맏이형제와 그 배우자를 부를 때,
- 아저씨·아주머니 : 아버지와 4촌 이상인 아버지 세대의 어른과 그 배우자를 부를 때
- 고모·고모부 : 아버지의 자매와 그 배우자를 부를 때
- 외숙·외숙모 : 어머니의 형제와 그 배우자를 부를 때
- 이모·이모부 : 어머니의 자매와 그 배우자를 부를 때

잘 아는 사람에 대한 호칭
- 어르신·어르신네 : 부모의 친구, 친구의 부모, 또는 부모같이 나이가 많은 남녀 어른(자기보다 16년 이상 연상장)
- 선생님 : 자기가 존경하는 웃어른이나 직업이 선생님인 남녀 어른
- 노형(老兄) : 자기와 11년 내지 15년 사이에 드는 연상, 연하자와의 상호 칭호
- 형님·형 : 자기와 6년 내지 10년 사이에 드는 연상, 연하자와의 상호 칭호
- 선배님·선배 : 학교 선배나 같은 일을 하는 연상자

- 이름·자네 : 상하 10년 이내 연령차로 친구로 지내기로 양해된 사이
- 부인 : 기혼여자로서 어른신네 선생님이라 부를 수 없는 여자.
- ○○님 : 상대가 위치한 직책명에 '님'을 붙인다.
- ○○아버님·○○누님 : 친구나 잘 아는 사람과의 관계로 부르기도 한다.
- 너·이름·애 : 미성년자나 아이들, 또는 어린 사람들이 친구끼리 말할 때

잘 모르는 사람에 대한 호칭
- 노인어른·노인장 : 60세 이상의 남녀 노인
- 어른신·어르신네 : 자기의 부모같이 나이가 많은 남녀 이름
- 선생님 : 자기가 존경할 만큼 점잖거나 나이가 많은 남녀
- 선생·노형 : 어떻게 부르기가 거북한 남자
- 형씨 : 자기와 동년배인 남자끼리
- 댁 : 형씨라 부를 동성간이나 이성간
- 부인 : 어르신네 선생님이라 부를 수 없는 기혼 여자
- 젊은이·청년 : 자기보다 16년 이하 연하자로서 청장년인 남자
- 총각·아가씨 : 미성년이거나 미혼인 남자와 여자
- 학생 : 학생 신분인 남녀
- 소년·애 : 미성년인 어린 아이들

생활 호칭 예절

남 앞에서 남편을 부를 때
'그이', '그 사람'이라는 호칭이 무난하며, 가까이 옆에 있을 때는

'이이', '이 사람', 떨어져 있을 때는 '저이', '저 사람'으로 바꾸어 부른다.

남 앞에서 남편을 소개하거나 지칭할 경우에는 '제 남편', '우리 남편' 등으로 '남편'을 써야 옳다.

남 앞에서 아내를 부를 때

'집사람', '안사람'이 적절한 호칭이다.

윗분 앞에서는 '제 아내', '제 처'로, 아랫사람이나 평교간에는 '내 아내'가 적절하다.

'마누라'는 부부가 나이가 들어서 아끼고 사랑하는 마음을 담아 편하게 쓰는 호칭이다.

미스와 양

보통 20세 전후의 여성에게 '미스'와 '양'을 붙여 부르나, 요즈음은 미혼이나 기혼 여성을 가리지 않고 대부분의 여성들을 '○○○씨'라 부르는 추세이다.

사모님과 부인

'사모님'이라는 호칭은 본래 자기가 직접 배운 선생님의 아내를 이를 때만 쓸 수 있으나, 10세 이상 연상이나 사회적으로 스승의 자리에 앉을 만한 분의 아내에게도 쓴다.

'부인'은 자기보다 아래 나이의 여성이나 대여섯 위의 여성에게 쓴다.

씨(氏)

동년배이거나 나이 차가 아래위로 10년을 넘지 않을 때 쓰는 것이 좋다. 이삼십 대의 연령층이 사오십 대의 연령층에 '씨' 자를 붙여 쓰는 것은 삼가야 한다.

나이 차가 10세 이상 나면 '○○○선생님' 정도가 무난하다.

형(兄)

'박형', '최형' 식의 '형'이라는 호칭은 아래위로 나이 차가 5년을 넘지 않을 때 사용하는 것이 좋다.

5년 차 이상이 나는 연하자가 연장자에게 쓸 때는 조심해 써야 하며, 이 경우는 '○○선배님'으로 부르는 것이 좋다.

자기

우리가 흔히 쓰는 '자기'라는 호칭은 일종의 유행어적 성격을 띤 말이므로 일반 호칭어로는 배제한다.

이성간의 호칭으로는 어느 자리에서나 쓸 수 있는 '○○씨' 정도가 무난하다.

자네

'자네'는 나이든 어른이 가까운 젊은이를 대접해서 부르는 호칭이며, 초면의 사람과 친하지 않으면 쓸 수 없다.

나이든 장인, 장모는 사위를 '자네'라고 불러도 무방하나 되도록 '○서방'으로 부르는 것이 좋다.

3. 계촌(計寸)

> 쉽게 배우는 호칭표

 핵가족과 개인 중심의 생활로 바쁜 현대인에게 전통 예절에 맞는 친인척간의 호칭법은 복잡하게 여겨진다.
 특히 설이나 추석처럼 친척이 많이 모이는 명절이면 오랜만에 만난 친척들을 어떻게 불러야 하는지 당황하기도 하다.
 자주 만나게 되는 사촌 정도까지는 알아도 일 년에 한두 번 만나기 어려운 촌수 먼 친척들께 바른 호칭과 함께 인사하는 게 쉽지만은 않을 것이다.
 올바른 호칭체계를 생활 속에서 만나는 상황에 맞게 정리해보자.

보학(譜學)

자기집에서

호칭	관계	특별 호칭
아버지	나를 낳아주신 분	부친, 가친(家親)
어머니	나를 길러주신 분	모친, 자친(慈親)
할아버지	아버지의 아버지	조부
할머니	아버지의 어머니	조모
증조 할아버지	할아버지의 아버지	증조부, 한 할아버지
증조 할머니	할아버지의 어머니	증조모, 한 할머니
남편	지애비, 아비	부(夫) 가장(家丈)
아내	지어미, 자기 부인	처, 내자(內子)
아들	내가 낳은 사내아이	가아(家兒), 돈아(豚兒)
며느리	아들의 아내	자부(子婦)
딸	내가 낳은 여자아이	여식(女息)
사위	딸의 남편	서랑(胥郞)
형	손위 형제	장형(長兄), 사백(舍伯) 사중
형수	형의 부인	큰 형수(長兄嫂)
아우	손아래 동생	사제(舍弟), 동생
제수	아우의 아내	제수(弟嫂)
누이	손위 자매	가매(家妹), 언니
자형	누이의 남편	자형(姉兄), 매형(妹兄)
누이동생	손아래 남매	매(妹), 가매(家妹)
매제	누이동생의 남편	매부(妹夫), 매제(妹弟)
큰 아버지	아버지의 큰형	백부, 중백부(仲伯父)
큰 어머니	아버지의 형수	백모 중백모(仲伯母)
작은 아버지	아버지의 동생	숙부, 계부(季父), 삼촌

3. 계촌(計寸)

호칭	관계	특별 호칭
작은 어머니	아버지의 제수	숙모(叔母)
당숙	아버지의 사촌형제	당숙, 종숙(從叔)
당숙모	아버지 사촌의 부인	당숙모, 종숙모(從叔母)
재당숙모	아버지 육촌의 부인	재당숙모 재종숙모
종조부	할아버지의 형제	종조부
종조모	할아버지의 형수, 제수	종조모
종형제	아버지의 조카	사촌 형제
종수	아버지의 조카며느리	사촌 형수, 제수
재종형제	당숙의 아들	육촌 형제
재종수	당숙의 며느리	육촌 형수, 제수
조카	형, 아우의 아들 딸	질(姪) 조카딸(조카사위)
조카며느리	조카의 아내	질부(姪婦)
당질	사촌의 아들	당질(堂姪)
당질부	사촌아들의 아내	당질부(堂姪婦)
종손	조카의 아들	종손(從孫)
재종손	육촌의 손자	재종손(再從孫)

외가댁에서

호칭	관계	특별 호칭
외할아버지	어머니의 아버지	외조부(外祖父)
외할머니	어머니의 어머니	외조모(外祖母)
외숙	어머니의 남자형제	외숙, 외삼촌(外三寸)
외숙모	외삼촌의 부인	외숙모(外叔母)

보학(譜學)

호 칭	관 계	특별 호칭
외사촌	외삼촌의 아들	외종(外從)형제
외종수	외삼촌의 며느리	외종수(外從嫂)
외당질	외사촌의 아들 딸	외당질(外堂姪) 외당질여
외당질부	외사촌의 아들 딸	외당질(外堂姪) 외당질여
외당질	외사촌의 며느리	외당질부
진외당숙	아버지의 외사촌	진외당숙(陳外堂叔)

고모댁에서

호 칭	관 계	특별 호칭
고모	아버지의 여자 형제	고모(姑母)
고모부	고모의 남편	고모부, 고숙(姑叔)
당고모	아버지의 육촌 누이	재당고모(再堂姑母)
내종형제	고모의 아들 딸	내종사촌(內從四寸)
대고모	아버지의 고모	대고모(大姑母) 왕고모

처가댁에서

호 칭	관 계	특별 호칭
장인	아내의 아버지	장인(丈人) 빙장
장모	아내의 어머니	장모(丈母) 빙모
처백부	아내의 큰아버지	처백모(妻伯母)
처백모	고모의 아들 딸	내종사촌(內從四寸)
처숙부	아내의 작은아버지	처숙부(妻叔父)
처남	아내의 남자 형제	처남(妻男)
처남댁	처남의 부인	처남댁(妻男宅)
처조카	아내의 조카	처질(妻姪)

3. 계촌(計寸)

시가에서

호 칭	관 계	특별 호칭
시아버님	남편의 아버지 시부(媤父)	시아버지
시어머니	남편의 어머니	시모(媤母) 시어머니
시숙	남편의 형, 시아주버니	시숙(媤叔) 서방님
동세	남편의 형수	동시(同媤) 형님
동서	남편형제의 아내	동서(同胥)
시동생	남편의 아우	기혼은 서방님, 미혼은 도련님
시누이	남편의 남매, 아가씨	시매(媤妹), 기혼 손위는 형님, 손아래는 아우, 미혼은 아가씨

사돈댁에서

호 칭	특별 호칭
사돈	바깥사돈(아들과 며느리 양가 아버지의 호칭)
사부인	안사돈(아들과 며느리 양가 어머니의 호칭)
사장	사돈의 아버지나 안사돈이 바깥사돈에 대한 존칭
노사장	사돈의 아버지 또는 할아버지
노사부인	안사돈의 어머니 또는 할머니
사돈도령	안사돈이 사돈의 미혼 아들에 대한 호칭
사돈댁 색시	사돈의 미혼한 딸, 사돈새아씨의 약칭

참고문헌(參考文獻)

『삼국사기』 (三國史記)

『삼국유사』 (三國遺事)

『고려사』 (高麗史)

『고려사절요』 (高麗史節要)

『조선왕조실록』 (朝鮮王朝實錄)

『고려공신전』 (高麗功臣傳)

『국조인물고』 (國朝人物考)

『국조방목』 (國朝榜目)

『동국여지승람』 (東國輿地勝覽)

『고려명신록』 (高麗名臣錄)

『독립운동사』 (獨立運動史)

『각성씨세보』 (各姓氏世譜)

『성씨의고향』 (姓氏의故鄕)

『한민족대성보』 (韓民族大姓譜)

『한국문화유적총람』 (韓國文化遺跡總攬)

『대동방씨족원류사』 (大東方氏族源流史)

『한국의전통예절』 (韓國의傳統禮)

『한국성씨총감』 (韓國姓氏總鑑)

『한국인명대사전』 (韓國人名大辭典)

『성씨대보총람』 (姓氏大譜總覽)

풍양조씨(豊壤趙氏) 이야기

2014 年 10 月 27 日 인쇄
2014 年 9 月 25 日 발행
편 저 : 성씨이야기편찬실
발 행 : 올린피플스토리

출판등록 : 제 25100 - 2007 - 000017 호
주 소 : 서울특별시 강동구 구천면로 18길 23호
홈페이지 : http://www.ollinpeople.co.kr
전 화 : 070) 4110 - 5959
팩 스 : 02) 476 - 8739
정 가 : ₩ 19,800

I S B N : 979-11-5755-103-3

* 파손된 책은 바꾸어 드립니다.